MEIN RECHT AUF GELD VOM STAAT

Welche Leistungen stehen mir zu?

Immer aktuell

Wir informieren Sie über wichtige Aktualisierungen zu diesem Ratgeber. Wenn sich zum Beispiel die Rechtslage ändert, neue Gesetze oder Verordnungen in Kraft treten, erfahren Sie das unter **www.ratgeber-verbraucherzentrale.de/aktualisierungsservice**

Der Staat hilft bei sozialen Notlagen, die zum Beispiel durch Krankheit, Alter, Arbeitslosigkeit oder benachteiligende Lebensumstände entstehen können. Aber auch beim Vermögensaufbau und der Altersvorsorge, während der Elternschaft sowie bei Ausbildung und Studium bietet er finanzielle Unterstützungen.

Für Laien ist es jedoch nicht leicht, das Dickicht der verschiedenen Sozialleistungen zu durchdringen und die zuständigen Behörden auszumachen. Dieser Ratgeber zeigt, welche Leistungen wann zustehen – und hilft, die bürokratischen Hürden zu nehmen. Anhand konkreter Beispiele wird die jeweilige Problematik so verdeutlicht, dass Sie Ihre individuelle Situation erkennen und die richtigen Schritte einleiten können. Damit Sie bekommen, was Ihnen zusteht.

Dr. Jürgen Brand ist Rechtsanwalt; er war Präsident des Landessozialgerichts Nordrhein-Westfalen.

Dr. Otto N. Bretzinger ist Jurist und Journalist, er ist als Autor zahlreicher Publikationen bekannt.

Peter F. Brückner ist Präsident des Sozialgerichts Düsseldorf.

Jürgen Brand, Otto N. Bretzinger,

Peter F. Brückner

MEIN RECHT AUF GELD VOM STAAT

Welche Leistungen stehen mir zu?

Vorsicht, Risiko!

Tipp, Ratschlag

Wichtig

Rechtslage

Beispiel

Bibliografische Information der Deutschen Bibliothek
Die Deutsche Bibliothek verzeichnet diese Publikation in der Deutschen Nationalbibliografie; detaillierte bibliografische Daten sind im Internet über http://dnb.ddb.de abrufbar.

1. Auflage 2019

Printed in Germany.
ISBN 978-3-86336-645-2

INHALT

01 FINANZIELLE HILFEN FÜR ELTERN UND KINDER

02 FINANZIELLE HILFEN FÜR SCHULE, AUSBILDUNG UND STUDIUM

03 STAATLICHE FÖRDERUNG DER VERMÖGENSBILDUNG UND ALTERSVORSORGE

07 FINANZIELLE HILFEN DER UNFALLVERSICHERUNG

08 FINANZIELLE HILFEN BEI PFLEGEBEDÜRFTIGKEIT

09 LEISTUNGEN BEI VERLUST DER ERWERBSFÄHIGKEIT

10 LEISTUNGEN NACH DEM AUSSCHEIDEN AUS DEM BERUFSLEBEN

11 LEISTUNGEN AN HINTERBLIEBENE

12 SOZIALHILFE – ZUR FÜHRUNG EINES MENSCHENWÜRDIGEN LEBENS

13 ANHANG

VORWORT

Geld vom Staat – wer möchte das nicht? Aber so einfach, wie man sich das bisweilen vorstellt, ist es leider nicht.

Nicht, dass Sie keine Ansprüche auf staatliche Leistungen haben. Schließlich definiert unsere Verfassung unser Land als Sozialstaat. Staatliche Aufgabe ist mithin, bei sozialen Notlagen und Beeinträchtigungen zu helfen, wie sie z. B. durch Krankheit, Alter, Invalidität, Arbeitslosigkeit und andere benachteiligende Lebensumstände entstehen. Und das tut auch unser Staat. Schließlich fließen fast 700 Milliarden Euro jährlich in den Sozialbereich. Das Problem liegt vielmehr darin, das Dickicht der verschiedenen Sozialansprüche und die für den Laien verwirrenden Zuständigkeiten zu durchschauen. Noch schwieriger wird es, wenn es um ganz konkrete Einzelfragen geht.

Dieser Ratgeber will Ihnen eine Orientierung bei den Sozialleistungen geben, die Ihnen zustehen. Ausgehend von unterschiedlichen Lebensumständen wie Schwangerschaft, Elternschaft, Ausbildung und Studium, Berufstätigkeit, Vermögensbildung und Altersvorsorge, Wohnen, Arbeitslosigkeit, Gefährdung der Existenz, Krankheit, Unfall, Pflegebedürftigkeit und Erreichen der Altersgrenze werden die verschiedenen staatlichen Hilfen dargestellt.

Beachten Sie aber auch, dass Ihnen gegenüber den Behörden ein gesetzlich verankerter Anspruch auf Beratung und Auskunft zusteht. Jeder Leistungsträger hat Sie in einer konkreten Angelegenheit umfassend mündlich oder schriftlich zu beraten. Und die Auskunftspflicht erstreckt sich auch darauf, Ihnen alle zuständigen Leistungsträger zu benennen sowie auf Sach- und Rechtsfragen hinzuweisen, die in diesem Zusammenhang von Bedeutung sind. Nutzen Sie also diese Möglichkeiten!

01

FINANZIELLE HILFEN FÜR ELTERN UND KINDER

Kinder sind unsere Zukunft – sie kosten aber auch Geld. Eltern und Kinder finanziell zu unterstützen, ist deshalb eine wichtige Aufgabe des Staates. Mutterschaftsgeld, Elterngeld, Betreuungsgeld und Kindergeld sind – neben anderen Leistungen – hierbei zentrale Säulen. In diesem Kapitel erhalten Sie einen fundierten Überblick darüber, was Ihnen wann zusteht.

KURZ & BÜNDIG

- **Mutterschaftsgeld:** Arbeitnehmerinnen, die gesetzlich krankenversichert sind, bekommen sechs Wochen vor der Geburt und acht Wochen danach Mutterschaftsgeld von der Krankenkasse. Die Differenz zum Nettogehalt zahlt der Arbeitgeber als Arbeitgeberzuschuss.
- **Elterngeld:** Das Elterngeld fängt fehlendes Einkommen auf, wenn Eltern nach der Geburt für ihr Kind da sein wollen und deshalb ihre berufliche Arbeit unterbrechen oder einschränken. Den Eltern stehen gemeinsam insgesamt 14 Monate zu, wenn sich beide an der Betreuung beteiligen und den Eltern dadurch Einkommen wegfällt.
- **Kindergeld:** Das Kindergeld soll die Grundversorgung für jedes Kind gewährleisten. Es ist Ausgleich dafür, dass durch die Besteuerung des Einkommens der Eltern auch das Existenzminimum des Kindes besteuert wird. Dieses steuerliche Existenzminimum soll durch das Kindergeld gesichert werden.
- **Kinderzuschlag:** Der Kinderzuschlag bietet Familien mit kleinem Einkommen eine finanzielle Unterstützung. Er ist eine ergänzende Geldleistung. Den Kinderzuschlag bekommt, wer zwar seinen eigenen finanziellen Bedarf abdecken kann, nicht aber den gesamten Bedarf seiner Familie.
- **Unterhaltsvorschuss:** Anspruch auf Unterhaltsvorschuss haben Alleinerziehende, die keinen oder nicht regelmäßig Unterhalt vom anderen Elternteil erhalten.

MUTTERSCHAFTSGELD VOR UND NACH DER GEBURT

Das Mutterschutzgesetz sieht vor, dass Mütter in den sechs Wochen vor der Geburt nicht arbeiten sollen und in den acht Wochen nach der Geburt – bei Früh- und Mehrlingsgeburten sogar zwölf Wochen danach – nicht arbeiten dürfen. Zum Ausgleich finanzieller Einbußen während dieser Mutterschutzfristen sind Frauen in der Regel durch das Mutterschutzgeld und einen Zuschuss, den der Arbeitgeber zu tragen hat, abgesichert.

Tipp
Weitere Informationen zum Mutterschaftsgeld enthält die Broschüre „Leitfaden zum Mutterschutz" des Bundesministeriums für Familie, Senioren, Frauen und Jugend. Im Internet nachzulesen unter www.bmfsfj.de.

Während des Bezugs von Mutterschaftsgeld bleibt die Mitgliedschaft in der gesetzlichen Kranken- und Rentenversicherung beitragsfrei, wenn die Versicherte dort schon vorher pflichtversichert war und keine weiteren beitragspflichtigen Einnahmen hat. Als freiwilliges Mitglied in der gesetzlichen Krankenversicherung bleiben Frauen hier weiterhin beitragspflichtig.

Kein Mutterschaftsgeld erhalten Hausfrauen, Selbstständige, die nicht in der gesetzlichen Krankenversicherung mit Anspruch auf Krankengeld versichert sind, und Beamtinnen (für sie gilt das Mutterschutzgesetz nicht). Selbstständige Frauen, die privat krankenversichert sind, sollten sich bei ihrer Versicherung erkundigen, welche Leistungen sie aufgrund ihres Versicherungsvertrags erhalten.

MUTTERSCHAFTSGELD DER GESETZLICHEN KRANKENVERSICHERUNG

Mutterschaftsgeld der gesetzlichen Krankenversicherung wird gezahlt, wenn die Frau

- bei Beginn der Schutzfrist eigenständiges Mitglied einer gesetzlichen Krankenversicherung ist (gleichgültig ist, ob es sich um eine Pflichtmitgliedschaft oder eine freiwillige Mitgliedschaft handelt) und
- mit einem Anspruch auf Krankengeld versichert ist oder

- in einem Arbeitsverhältnis steht, jedoch wegen der Schutzfrist kein Arbeitsentgelt gezahlt wird.

Sockelbetrag

Maßgebend für die Höhe des Mutterschaftsgelds ist das durchschnittliche Nettoarbeitsentgelt der letzten drei Kalendermonate bzw. der letzten 13 Wochen bei Beginn der Schutzfrist (nach der Entbindung). Davon zahlt die Krankenkasse 13 Euro für jeden Kalendertag. Im Regelfall wird das Nettoeinkommen allerdings über dem Sockelbetrag von 13 Euro täglich liegen. In diesem Fall gibt es einen Anspruch auf einen Zuschuss vom Arbeitgeber, der die Differenz zwischen dem Sockelbetrag und dem entsprechenden Nettoverdienst ausgleicht.

A hat vor Beginn der Schutzfrist in den letzten drei Monaten jeweils 850 Euro netto verdient. Auf den Kalendertag umgerechnet sind das 28,33 Euro (850 Euro x 3 = 2.550 Euro, geteilt durch 90 Tage). Sie erhält 13 Euro pro Kalendertag von ihrer Krankenkasse und weitere 15,33 Euro von ihrem Arbeitgeber als Arbeitgeberzuschuss.

Geringfügige Beschäftigung

Auch an Frauen, die eine geringfügige Beschäftigung ausüben, also bis 450 Euro pro Monat verdienen und keinen Anspruch auf Krankengeld haben (z. B. Studentinnen), erhalten Mutterschaftsgeld bis zu 13 Euro kalendertäglich von ihrer Krankenkasse, wenn ihnen während der Schutzfristen kein Arbeitsentgelt gezahlt wird.

B hat vor Beginn der Schutzfrist in den letzten drei Monaten jeweils 330 Euro netto verdient. Umgerechnet auf einen Kalendertag sind das 11 Euro. Sie erhält 11 Euro pro Kalendertag von ihrer Krankenkasse, jedoch keinen Zuschuss ihres Arbeitgebers.

Frauen, die zu Beginn der Schutzfrist in einer gesetzlichen Krankenversicherung mit Anspruch auf Krankengeld versichert, aber gleichzeitig nicht abhängig beschäftigt sind (z. B. als Selbstständige), erhalten Mutterschaftsgeld in Höhe des Krankengelds.

Antrag

Das Mutterschaftsgeld muss bei der Krankenkasse, der Zuschuss beim Arbeitgeber beantragt werden. Das Mutterschaftsgeld kann frühestens sieben Wochen vor dem mutmaßlichen Entbindungstermin beantragt werden, da die notwendige Bescheinigung des Arztes frühestens eine Woche vor Beginn der Schutzfrist ausgestellt werden darf. Im Antrag muss das Nettogehalt angegeben und belegt werden. Unter Umständen zahlt die Krankenkasse einen Teil des Mutterschaftsgelds auch als Vorschuss.

MUTTERSCHAFTSGELD VOM BUNDESVERSICHERUNGSAMT

Tipp

Das vom Bundesversicherungsamt zu zahlende Mutterschaftsgeld wird ebenfalls nur auf Antrag gewährt. Der Antrag ist an das Bundesversicherungsamt (Mutterschaftsgeldstelle), Friedrich-Ebert-Allee 38, 53113 Bonn, zu richten. Antragsformulare stehen auch im Internet unter www.mutterschaftsgeld.de zur Verfügung.

Arbeitnehmerinnen, die nicht selbst Mitglied einer gesetzlichen Krankenkasse sind, z. B. privat Krankenversicherte, oder in der gesetzlichen Krankenversicherung familienversicherte Frauen erhalten ein verringertes Mutterschaftsgeld. Es beträgt einmalig bis zu 210 Euro. Daneben haben diese Frauen Anspruch auf den Arbeitgeberzuschuss, wenn deren Nettogehalt in den letzten drei Monaten über 13 Euro pro Tag lag. Ausgezahlt wird das verringerte Mutterschaftsgeld vom Bundesversicherungsamt.

LEISTUNGEN FÜR ARBEITSLOSE FRAUEN OHNE ANSPRUCH AUF ARBEITGEBERZUSCHUSS

Frauen, die bei Beginn der Schutzfrist als Bezieherin von Arbeitslosengeld bei Arbeitslosigkeit oder nach beruflicher Weiterbildung nach dem SGB III gesetzlich krankenversichert sind, erhalten Mutterschaftsgeld durch die gesetzliche Krankenkasse. Die Höhe des Mutterschaftsgelds entspricht dem Betrag des Arbeitslosengelds bei Arbeitslosigkeit oder bei beruflicher Weiterbildung nach dem SGB III, den die Versicherte vor Beginn der Schutzfrist erhalten hat.

ELTERNGELD FÜR DIE ZEIT NACH DER GEBURT

Mit dem Elterngeld will der Staat finanziell unterstützen, damit sich Eltern in den ersten Lebensjahren selbst um die Betreuung ihrer Kinder kümmern können. Wenn Eltern ihre Erwerbstätigkeit unterbrechen oder reduzieren, erhalten sie einen an ihrem individuellen Einkommen orientierten Ausgleich dafür, dass sie im ersten Lebensjahr des Kindes nicht mehr (voll) arbeiten.

Elterngeld gibt es in drei Varianten:

- Basiselterngeld
- ElterngeldPlus
- Partnerschaftsbonus

Diese Varianten können miteinander kombiniert werden (Einzelheiten siehe Seite 21).

BERECHTIGTE

Anspruch auf Elterngeld haben Mütter und Väter, die

- einen Wohnsitz oder ihren gewöhnlichen Aufenthalt in Deutschland haben,
- mit ihrem Kind in einem Haushalt leben,
- dieses Kind selbst betreuen und erziehen und
- nicht mehr als 30 Stunden in der Woche erwerbstätig sind.

Um Elterngeld zu beziehen, muss keine Elternzeit genommen werden. Anspruch auf Elterngeld hat also auch eine Hausfrau oder eine selbstständige Person, ebenso ein Auszubildender oder Studierender. Eine Arbeitnehmerin bzw. ein Arbeitnehmer muss jedoch in der Regel den Anspruch auf Elternzeit geltend machen, um die Arbeitszeit in dem oben genannten Umfang zu reduzieren.

Tipp

Weitere Informationen gibt es in der Broschüre „Elterngeld, ElterngeldPlus und Elternzeit" des Bundesministeriums für Familie, Senioren, Frauen und Jugend. Im Internet unter www.bmfsfj.de abrufbar.

Angenommene Kinder

Elterngeld gibt es nicht nur für die leiblichen Kinder. Auch für angenommene Kinder und mit dem Ziel der Annahme aufgenommene Kinder gibt es Elterngeld. Können die Eltern wegen einer schweren Krankheit, Schwerbehinderung oder Tod der Eltern ihr Kind nicht betreuen, haben Verwandte bis zum dritten Grad (Urgroßeltern, Großeltern, Onkel, Tanten, Geschwister) und ihre Ehegatten Anspruch auf Elterngeld, wenn sie die oben genannten Voraussetzungen erfüllen.

Tipp

Dem berechtigten Elternteil steht das Elterngeld auch dann zu, wenn er aus einem wichtigen Grund mit der Betreuung des Kindes nicht sofort beginnen kann (z. B. wegen eines verlängerten Krankenhausaufenthalts nach einer Frühgeburt) oder die Betreuung des Kindes unterbrechen muss (z. B. wegen einer Erkrankung, einer notwendigen Kur oder einer wichtigen Prüfung).

Keinen Anspruch auf Elterngeld haben Elternpaare, die im Kalenderjahr vor der Geburt ihres Kindes ein zu versteuerndes Einkommen von mehr als 500.000 Euro hatten. Für Alleinerziehende entfällt der Elterngeldanspruch ab einem zu versteuernden Einkommen von mehr als 250.000 Euro im Kalenderjahr vor der Geburt.

BEZUGSDAUER

Das „normale" Elterngeld wird auch Basiselterngeld genannt. Es wird an Väter und Mütter für maximal 14 Monate gezahlt; beide können den Zeitraum frei untereinander aufteilen. Ein Elternteil kann dabei mindestens zwei und höchstens zwölf Monate für sich in Anspruch nehmen. Zwei weitere Monate gibt es, wenn sich auch der andere Elternteil an der Betreuung des Kindes beteiligt und den Eltern für mindestens zwei Monate Erwerbseinkommen wegfällt.

Unter Umständen kann die Mutter oder der Vater allein einen Anspruch auf 14 Monatsbeträge Elterngeld haben. Wenn bei Elternpaaren dem einen Elternteil die Betreuung des Kindes objektiv nicht möglich ist (z. B. wegen schwerer Krankheit oder Schwerbehinderung), erhält der andere Elternteil für bis zu 14 Monate Elterngeld, wenn die sonstigen Voraussetzungen der zusätzlichen Monate erfüllt sind, also eine Einkommensminderung vorliegt.

Alleinerziehende, bei denen sich für zwei Bezugsmonate das Erwerbseinkommen mindert, können allein bis zu 14 Monate Elterngeld erhalten. Voraussetzung ist, dass das Kind nur bei dem Elternteil in der Wohnung lebt, dem auch die elterliche Sorge oder zumindest das Aufenthaltsbestimmungsrecht allein zusteht.

ElterngeldPlus

Für nach dem 1. Juli 2015 geborene Kinder können Eltern das sogenannte ElterngeldPlus beanspruchen. Davon profitieren Mütter und Väter, die während der Elternzeit arbeiten wollen. Für sie wird es leichter, Elterngeld und Teilzeitarbeit miteinander zu kombinieren. Arbeiten Eltern während des Bezugs von Elterngeld in Teilzeit, bekommen sie länger ElterngeldPlus. Aus einem Elterngeldmonat werden zwei Monate ElterngeldPlus. Mütter und Väter können also das Elterngeldbudget besser ausnutzen.

Pausiert etwa die Mutter für sechs Monate und bezieht volles Elterngeld, so kann sie anschließend für zwölf Monate ElterngeldPlus beziehen. Ihr Partner kann zwei Monate Elterngeld oder vier Monate ElterngeldPlus nutzen. Arbeiten beide im Anschluss für mindestens vier Monate Teilzeit mit 25 bis 30 Wochenstunden, können beide jeweils für diese Zeit ElterngeldPlus erhalten.

Alleinerziehende

Auch Alleinerziehende können das ElterngeldPlus in Anspruch nehmen. Sie können ebenfalls vier zusätzliche Bonusmonate beantragen, wenn sie an vier aufeinanderfolgenden Monaten pro Woche zwischen 25 und 30 Stunden arbeiten. Zusammen mit den Partnermonaten können sie statt der 14 regulären Elterngeldmonate bis zu 28 Elterngeld-Plus-Monate in Anspruch nehmen.

Wenn sich Vater und Mutter die Betreuung des Kindes teilen und parallel für vier Monate zwischen 25 und 30 Stunden pro Woche arbeiten, erhalten sie jeweils zusätzlich für vier Monate ElterngeldPlus. Dieser Partnerschaftsbonus ist also ein Angebot für Eltern, die sich ihre familiären und beruflichen Aufgaben part-

Tipp

Eltern können sich zum neuen ElterngeldPlus und den Kombinationsmöglichkeiten mit dem Basiselterngeld und den Partnerschaftsbonusmonaten von der zuständigen Elterngeldstelle beraten lassen. Ferner steht der Elterngeldrechner unter www.familien-wegweiser.de/ElterngeldrechnerPlaner des Bundesfamilienministeriums zur Verfügung, der die neuen Gestaltungsmöglichkeiten beim Elterngeld berücksichtigt.

nerschaftlich untereinander aufteilen. Möglich ist so die partnerschaftliche Betreuung des Kindes und die Familie bleibt während der Teilzeittätigkeit finanziell abgesichert.

Es ist auch möglich, dass Mutter und Vater nach der Geburt bis zu 30 Stunden in der Woche in Teilzeit arbeiten und gemeinsam je 14 Monate ElterngeldPlus beziehen. Im Anschluss könnten auch sie den Partnerschaftsbonus nutzen.

HÖHE

Das Elterngeld beträgt zwischen 65 und 100 Prozent des in den zwölf Monaten vor dem Monat der Geburt des Kindes durchschnittlich erzielten monatlichen Einkommens aus Erwerbstätigkeit. Dabei gilt ein Höchstbetrag von 1.800 Euro für jeden Monat, in dem die berechtigte Person kein Einkommen aus Erwerbstätigkeit erzielt. Unabhängig vom Einkommen wird das Elterngeld mindestens in Höhe von 300 Euro gezahlt, z. B. wenn jemand nicht erwerbstätig ist.

Mehrere Einkommen werden zusammengerechnet, steuerfreie Einkommen (z. B. aus einem Ehrenamt) werden nicht berücksichtigt.

Einkommen unter 1.000 Euro

Prozentualer Ausgleich

In den Fällen, in denen das durchschnittlich erzielte monatliche Einkommen aus Erwerbstätigkeit vor der Geburt geringer als 1.000 Euro war, erhöht sich der Prozentsatz von 67 Prozent um 0,1 Prozentpunkte für je zwei Euro, um die das maßgebliche Einkommen den Betrag von 1.000 Euro unterschreitet, auf bis zu 100 Prozent. Diese Obergrenze von 100 Prozent erreicht man bei einem Einkommen von 340 Euro vor der Geburt, sodass der Elterngeldberechtigte, der vor der Geburt mehr als 300 Euro verdient hat, nach der Geburt auch Elterngeld in Höhe von 300 Euro erhalten wird. Je niedriger also das Einkommen des Elternteils vor der Geburt war, desto höher ist der prozentuale Ausgleich, den er für das weggefallene Erwerbseinkommen erhält.

A hat vor der Geburt ihrer Tochter 800 Euro monatlich verdient.
Ihr Anspruch auf Elterngeld erhöht sich damit auf 77 Prozent des wegfallenden Einkommens.

Rechenweg:
1.000 Euro – 800 Euro = 200 Euro
200 Euro : 2 Euro = 100
100 x 0,1 Prozentpunkte = 10 Prozentpunkte
67 % + 10 Prozentpunkte = 77 Prozent

Einkommen zwischen 1.000 und 1.200 Euro

Eltern, die vor der Geburt des Kindes ein durchschnittliches Nettoeinkommen zwischen 1.000 Euro und 1.200 Euro hatten, erhalten den Elterngeld-Regelsatz von 67 Prozent.

Einkommen über 1.200 Euro

Elterngeld-Regelsatz

Ab einem zu berücksichtigenden Einkommen von 1.200 Euro monatlich verringert sich der Prozentsatz um 0,1 Prozentpunkte für je 2 Euro, um die das maßgebliche Einkommen den Betrag von 1.200 Euro überschreitet, auf bis zu 65 Prozent.

A hat vor der Geburt seines Sohnes 1.240 Euro monatlich verdient. Sein Anspruch auf Elterngeld mindert sich damit auf 65 Prozent, also insgesamt 806 Euro monatlich.

Rechenweg:
1.240 Euro – 1.200 Euro = 40 Euro
40 Euro : 2 Euro = 20
20 x 0,1 Prozentpunkte = 2 Prozentpunkte
67 % – 2 Prozentpunkte = 65 Prozent

Teilzeitarbeit

Anrechnung

Einkommen aus der Teilzeitarbeit ist in die Berechnung des Elterngelds einzubeziehen und auf die Höhe des Elterngelds anzurechnen. Das Elterngeld wird dann als Ersatz für das entfallende Einkommen, also für die Differenz zwischen dem durchschnittlichen Einkommen vor der Geburt und dem voraussichtlich durchschnittlich erzielten Einkommen während des Bezugs von Elterngeld gezahlt. Damit erhält der Bezugsberechtigte 65 bzw. 67 Prozent, bei einem Einkommen von unter 1.000 Euro bis zu 100 Prozent der Differenz zwischen dem vor und dem nach der Geburt zu berücksichtigenden Einkommen. Als bereinigtes Nettoeinkommen vor der Geburt werden maximal 2.770 Euro berücksichtigt. Auch bei Teilzeiteinkommen während des Elterngeldbezugs beträgt das Elterngeld mindestens 300 Euro monatlich.

Vor der Geburt hat der Vater ein Nettoeinkommen von 2.600 Euro monatlich bezogen, nach der Geburt verdient er 1.000 Euro netto. Die Differenz beträgt 1.600 Euro. Das Elterngeld beläuft sich auf 1.040 Euro (65 Prozent von 1.600 Euro).

Geschwisterbonus

Familien mit mehr als einem Kind können einen Geschwisterbonus erhalten. Dieser beträgt zehn Prozent des nach den allgemeinen Regeln zu errechnenden Elterngelds, mindestens aber 75 Euro monatlich bei Basiselterngeld und 37,50 Euro bei ElterngeldPlus.

Altersgrenze

Anspruch auf den Erhöhungsbetrag besteht so lange, bis das ältere Geschwisterkind drei Jahre alt ist. Sind drei oder mehr Kinder im Haushalt, genügt es, wenn mindestens zwei Geschwisterkinder das sechste Lebensjahr nicht vollendet haben. Mit dem Ende des Bezugsmonats, in dem das ältere Geschwisterkind sein drittes bzw. sechstes Lebensjahr vollendet, entfällt der Erhöhungsbetrag. Dagegen bleibt der Anspruch auf den

Grundbetrag des Elterngelds bis zum Ende des Bezugszeitraums von zwölf bzw. 14 Monaten bestehen.

Mit dem Geschwisterbonus erhöhen sich auch der Höchst- und der Mindestbetrag des Elterngelds. Das Basiselterngeld kann mindestens 375 Euro und höchstens 1.980 Euro betragen, das ElterngeldPlus mindestens 187,50 Euro und höchstens 990 Euro.

ANTRAG

Elterngeld müssen Sie bei der Elterngeldstelle beantragen. Das Formular Ihres Bundeslandes finden Sie unter www.familienwegweiser.de. Ein Formular erhalten Sie auch bei Ihrer Elterngeldstelle, bei vielen Gemeindeverwaltungen, bei den meisten Krankenkassen und bei den meisten Krankenhäusern mit Geburtenstation.

Vorsicht

Der Antrag sollte spätestens gestellt werden, wenn das Kind drei Jahre alt ist. Nur dann ist gewährleistet, dass das Elterngeld vollständig ab Geburt des Kindes gezahlt wird.

KINDERGELD FÜR ALLE ELTERN

Das Kindergeld soll die Grundversorgung für jedes Kind gewährleisten. Es ist ein Ausgleich dafür, dass durch die Besteuerung des Einkommens der Eltern auch das Existenzminimum des Kindes besteuert wird. Dieses steuerliche Existenzminimum soll durch das Kindergeld gesichert werden. Das Kindergeld ist quasi eine Vorauszahlung auf die Steuererstattung, die wegen der Steuerfreiheit des Existenzminimums des Kindes am Ende des Jahres fällig wäre. Somit handelt es sich beim Kindergeld zunächst auch nicht um eine staatliche Sozialleistung, sondern um eine steuerliche Ausgleichszahlung.

Tipp

Eingehende Informationen sind in der Broschüre „Merkblatt Kindergeld" der Agentur für Arbeit zu finden. Diese ist auch im Internet unter www.arbeitsagentur.de abrufbar. Auch die zuständige Familienkasse der Agentur für Arbeit hilft weiter. Zudem sind unter www.familienkasse.de viele hilfreiche Informationen zusammengestellt.

Familien bekommen entweder Kindergeld oder den steuerlichen Kinderfreibetrag. Allerdings besteht kein

Wahlrecht. Im Rahmen der Einkommensteuerveranlagung prüft das Finanzamt vielmehr von Amts wegen, was im Einzelfall günstiger ist: die Steuerersparnis aus dem Kinderfreibetrag oder das Kindergeld. Mit der Abgabe der Einkommensteuererklärung vergleicht das Finanzamt für jedes Kind, ob der steuerliche Vorteil durch die Freibeträge für Kinder höher ist als das Kindergeld. Ist dies der Fall, werden bei der Ermittlung des zu versteuernden Einkommens die Kinder- und Erziehungsfreibeträge berücksichtigt.

BERECHTIGTE

Kindergeld wird grundsätzlich an den Kindergeldberechtigten (in der Regel die Eltern) ausgezahlt. Nur wenn das Kind Vollwaise ist oder den Aufenthalt seiner Eltern nicht kennt und kein anderer für dieses Kind bereits Kindergeld erhält, wird das Kindergeld direkt an das Kind ausgezahlt. Gleiches gilt, wenn der Kindergeldberechtigte seiner gesetzlichen Unterhaltspflicht dem Kind gegenüber nicht nachkommt.

Anspruch

Anspruch auf Kindergeld nach dem Einkommensteuergesetz besteht für Deutsche, wenn sie in Deutschland ihren Wohnsitz oder gewöhnlichen Aufenthalt haben, oder wenn sie im Ausland wohnen, aber in Deutschland unbeschränkt einkommensteuerpflichtig sind oder entsprechend behandelt werden.

Ausländer

In Deutschland wohnende Ausländer können Kindergeld erhalten, wenn sie eine gültige Niederlassungserlaubnis besitzen. Auch bestimmte Aufenthaltstitel können einen Anspruch begründen. Freizügigkeitsberechtigte Staatsangehörige der Europäischen Union sowie des Europäischen Wirtschaftsraums und Staatsangehörige der Schweiz können Kindergeld unabhängig davon erhalten, ob sie eine Niederlassungs- oder Aufenthaltserlaubnis besitzen.

Für ein und dasselbe Kind kann immer nur eine Person Kindergeld erhalten. Grundsätzlich bekommt es derjenige, der das Kind in seinen Haushalt aufgenommen hat. Lebt das Kind nicht im

Haushalt eines Elternteils, ist der Elternteil kindergeldberechtigt, der dem Kind laufend den höheren Unterhalt in Geld bezahlt. Lebt das Kind mit beiden Eltern zusammen, können diese untereinander festlegen, wer das Kindergeld erhält. Ist ein Kind in den gemeinsamen Haushalt von Eltern, einem Elternteil und dessen Ehegatten, Pflegeeltern oder Großeltern aufgenommen worden, so bestimmen diese untereinander den Berechtigten. Wird keine Bestimmung getroffen, so legt das Familiengericht auf Antrag den Berechtigten fest. Lebt ein Kind im gemeinsamen Haushalt von Eltern und Großeltern, so wird das Kindergeld vorrangig einem Elternteil ausgezahlt.

KINDERGELD FÜR MINDERJÄHRIGE KINDER

Voraussetzungen

Bis zur Vollendung des 18. Lebensjahres wird das Kindergeld für alle Kinder gezahlt. Der Berechtigte erhält es für Kinder,

- die mit ihm im ersten Grad verwandt sind (also seine ehelichen, für ehelich erklärten, nicht ehelichen oder adoptierten Kinder),
- seines Ehegatten (Stiefkinder), Kinder des eingetragenen Lebenspartners und Enkelkinder, die der Antragsteller in seinen Haushalt aufgenommen hat und
- für Pflegekinder, die er in seinem Haushalt aufgenommen hat. Die Pflegekinder müssen wie eigene Kinder zur Familie gehören. Ein Obhut- oder Betreuungsverhältnis zu den leiblichen Eltern darf nicht mehr bestehen.

KINDERGELD FÜR ERWACHSENE KINDER

Voraussetzungen

Für Kinder, die das 18. Lebensjahr bereits vollendet haben, wird Kindergeld nur unter bestimmten zusätzlichen Voraussetzungen gezahlt.

Für ein über 18 Jahre altes Kind kann bis zur Vollendung des 25. Lebensjahres Kindergeld weiter gezahlt werden,

- solange es für einen Beruf ausgebildet wird. In einer Berufsausbildung befindet sich derjenige, der das Berufsziel noch nicht erreicht hat, sich aber ernsthaft darauf vorbereitet. Zur Ausbildung für einen Beruf gehören der Besuch allgemeinbildender Schulen, die betriebliche Ausbildung, eine weiterführende Ausbildung sowie die Ausbildung für einen weiteren Beruf;
- wenn es eine Berufsausbildung mangels Ausbildungsplatzes nicht beginnen oder fortsetzen kann. Voraussetzung für den Kindergeldanspruch ist, dass trotz ernsthafter Bemühungen die Suche nach einem Ausbildungsplatz zum frühestmöglichen Zeitpunkt bisher erfolglos verlaufen ist;
- wenn es ein freiwilliges soziales Jahr oder ein freiwilliges ökologisches Jahr im Sinne des Jugendfreiwilligendienstgesetzes oder Bundesfreiwilligendienst ableistet.

In den oben genannten Fällen wird ein Kind nach Abschluss einer erstmaligen Berufsausbildung oder eines Erststudiums nur berücksichtigt, wenn es keiner Erwerbstätigkeit nachgeht. Dies gilt auch dann, wenn die erstmalige Berufsausbildung bereits vor Vollendung des 18. Lebensjahres abgeschlossen worden ist. Eine Erwerbstätigkeit liegt vor, wenn das Kind einer Beschäftigung nachgeht, die darauf ausgerichtet ist, Einkünfte zu erzielen und den Einsatz seiner persönlichen Arbeitskraft erfordert.

Tipp

Kindergeld wird auch für ein über 18 Jahre altes Kind bis zur Vollendung des 21. Lebensjahres gezahlt, wenn es nicht in einem Beschäftigungsverhältnis steht und bei einer Agentur für Arbeit im Inland als Arbeitsuchender gemeldet ist. Unschädlich ist eine geringfügige Tätigkeit. Eine solche liegt vor, wenn die Bruttoeinnahmen im Monatsdurchschnitt nicht mehr als 450 Euro betragen.

Behinderte Kinder

Für ein über 18 Jahre altes Kind wird Kindergeld gezahlt, wenn es wegen einer körperlichen, geistigen oder seelischen Behinderung nicht in der Lage ist, sich selbst zu unterhalten, das heißt, wenn es mit den ihm zur Verfügung stehenden finanziellen Mitteln seinen gesamten notwendigen Lebensbedarf nicht bestreiten kann. Die Behinderung des Kindes muss vor Vollendung des

25. Lebensjahres eingetreten sein. Für die Dauer gibt es in diesen Fällen keine altersbedingte Grenze.

Verheiratete Kinder

Für verheiratete volljährige Kinder besteht ein Anspruch auf Kindergeld nur dann, wenn die Eltern weiterhin für ihr Kind aufkommen, weil Einkünfte und Bezüge des Kindes sowie das verfügbare Einkommen des Ehegatten so gering sind, dass der Unterhalt des Kindes nicht sichergestellt ist.

HÖHE

Das Kindergeld beträgt ab 1. Juli 2019

- für die ersten zwei Kinder 204 Euro,
- für das dritte Kind 210 Euro,
- für jedes weitere Kind 235 Euro.

Reihenfolge der Geburt

Die Höhe des Kindergelds bemisst sich nach der Reihenfolge der Geburt. Das älteste Kind ist also stets das erste Kind. Es werden in der Reihe der Kinder auch die sogenannten Zählkinder mitgezählt; das sind Kinder, für die zwar ein Anspruch auf Kindergeld besteht, für die der Berechtigte jedoch kein Kindergeld erhalten kann, weil es vorrangig einem anderen Elternteil zusteht. Kinder, für die überhaupt kein Kindergeldanspruch mehr besteht, zählen in der Reihenfolge nicht mit.

Familie A hat vier Kinder. Sie erhält monatlich 853 Euro Kindergeld (2 x 204 Euro für die Kinder 1 und 2, 210 Euro für das dritte Kind und 235 Euro für das vierte Kind). Wenn für das erste Kind der Kindergeldanspruch wegfällt, rücken die drei jüngeren Kinder an die Stelle des ersten, zweiten und dritten Kindes. Die Familie bekommt jetzt nur noch 618 Euro Kindergeld monatlich (2 x 204 Euro für die Kinder 1 und 2 und 210 Euro für das dritte Kind). Der monatliche Kindergeldanspruch verringert sich also um 235 Euro.

Durch die Wahl des Kindergeldberechtigten können Eltern, die Kinder aus einer früheren Beziehung haben, mehr Kindergeld erhalten, weil Zählkinder mitgezählt werden.

Eine unverheiratete Mutter lebt mit dem Vater eines Kindes zusammen. Dieser hat aus seiner früheren Ehe weitere drei Kinder. Wenn der Vater das Kindergeld beantragt, erhält er es in Höhe für das vierte Kind, also 235 Euro, im Gegensatz zur Mutter, die nur 204 Euro erhalten würde. Hier empfiehlt es sich also, dass der Vater zum Kindergeldberechtigten bestimmt wird.

ANTRAG

Kindergeld wird nur aufgrund eines schriftlichen Antrags bei der Familienkasse der zuständigen Agentur für Arbeit bewilligt.

Tipp
Im Internet gibt es unter www.arbeitsagentur.de ein Antragsformular, das ausgefüllt an die Familienkasse geschickt werden kann.

Für Angehörige des öffentlichen Dienstes und Empfänger von Versorgungsbezügen ist die zuständige Familienkasse in der Regel die mit der Festsetzung der Bezüge befasste Stelle des jeweiligen öffentlich-rechtlichen Arbeitgebers bzw. Dienstherrn.

KINDERZUSCHLAG FÜR ELTERN MIT GERINGEM EINKOMMEN

Wer über ein Einkommen verfügt, das zwar den eigenen Bedarf deckt, der Lebensunterhalt der Kinder aber nur gedeckt werden kann, wenn Arbeitslosengeld II (siehe Seite 94 ff.) und Sozialgeld (siehe Seite 105 ff.) gezahlt wird, kann stattdessen einen Kinderzuschlag bei der Familienkasse der Agentur für Arbeit beantragen. Soweit dadurch auch mit anderen Leistungen (z. B. Wohngeld) der Bezug von Leistungen nach dem SGB II für drei Monate vermieden würde, muss der Kinderzuschlag beantragt werden.

BERECHTIGTE

Gemeinsamer Haushalt

Den Kinderzuschlag können einkommensschwache Eltern erhalten, die mit ihrem unverheirateten Kind, das das 25. Lebensjahr noch nicht vollendet hat, in einem Haushalt leben. Ob die Eltern verheiratet sind, ob sie eheähnlich oder in einer eingetragenen Lebenspartnerschaft zusammenleben oder getrennt sind, spielt keine Rolle. Den Kinderzuschlag erhält aber nur, wer auch Kindergeld oder einen entsprechenden Ersatz erhält. Voraussetzung für den Anspruch ist, dass das Kind in der gemeinsamen Wohnung des Berechtigten lebt und dort betreut und versorgt wird.

VORAUSSETZUNGEN

Eltern haben Anspruch auf Kinderzuschlag für ihre unverheirateten, unter 25 Jahre alten Kinder, die in ihrem Haushalt leben, wenn

- sie für diese Kinder Kindergeld beziehen,
- die monatlichen Einnahmen der Eltern die Mindesteinkommensgrenze erreichen,
- das zu berücksichtigende Einkommen und Vermögen die Höchsteinkommensgrenze nicht erreicht und
- der Bedarf der Familie durch die Zahlung von Kinderzuschlag und eventuell zustehendem Wohngeld gedeckt ist und deshalb kein Anspruch auf Arbeitslosengeld II oder Sozialgeld besteht.

> **Tipp**
> Laut Agentur für Arbeit gilt folgende Faustregel: Eltern mit Kindern, die nur Arbeitslosengeld II, Sozialgeld oder Sozialhilfe beziehen und sonst kein Einkommen bzw. Vermögen haben, können daneben nur das Kindergeld, aber keinen Kinderzuschlag erhalten.

Die Mindesteinkommensgrenze beträgt für Elternpaare 900 Euro, für Alleinerziehende 600 Euro. Nur wenn die monatlichen Einnahmen (z. B. Bruttoeinkommen aus Erwerbstätigkeit, Arbeitslosengeld I, Krankengeld etc.) die jeweilige Mindesteinkommensgrenze erreicht (ohne Wohngeld und Kindergeld), können Eltern den Kinderzuschlag beanspruchen. Gleichzeitig darf aber das zu berücksichtigende Einkommen und Vermögen die Höchsteinkommensgrenze nicht übersteigen. Letztere setzt sich aus dem elterlichen Bedarf nach den Regelungen zum Arbeitslosengeld II und dem prozentualen Anteil an den angemessenen Wohnkosten (Bemessungsgrenze) sowie dem Gesamtkinderzuschlag zusammen.

Tipp

Das Verfahren zur Berechnung des Kinderzuschlags ist sehr kompliziert. Eingehende Informationen enthält das „Merkblatt Kinderzuschlag" der Agentur für Arbeit, das im Internet unter www.arbeitsagentur.de unter dem Stichwort Kinderzuschlag abrufbar ist.

Der errechnete Kinderzuschlag wird nur gezahlt, wenn dieser zusammen mit anderem Einkommen und Vermögen und eventuell zustehendem Wohngeld ausreicht, den Bedarf der gesamten Familie zu gewährleisten, sodass kein zusätzlicher Anspruch auf Arbeitslosengeld II bzw. Sozialgeld besteht. Bei Personen, die Mehrbedarfe z. B. wegen Schwangerschaft, Alleinerziehung oder Behinderung beanspruchen, können diese bei der Feststellung, ob Hilfebedürftigkeit vermieden wird, ebenso wie die Leistungen für Bildung und Teilhabe außer Acht gelassen werden. Damit wird der Zugang zur Leistung Kinderzuschlag erleichtert.

HÖHE UND BEZUGSDAUER

Der Kinderzuschlag beträgt für jedes zu berücksichtigende Kind jeweils bis zu 170 Euro monatlich. Er wird zusammen mit dem Kindergeld ausgezahlt.

Der Kinderzuschlag wird, soweit die Anspruchsvoraussetzungen vorliegen, für ein Kind längstens bis zur Vollendung des 25. Lebensjahres gezahlt.

ANTRAG

Der Kinderzuschlag muss bei der Agentur für Arbeit beantragt werden. Dies gilt auch, wenn ein Elternteil im öffentlichen Dienst beschäftigt ist.

Nur ein Elternteil

Für ein und dasselbe Kind kann immer nur eine Person Kinderzuschlag erhalten. In aller Regel wird dieser an denjenigen Elternteil gezahlt, der auch das Kindergeld beantragt hat oder bezieht.

UNTERHALTSVORSCHUSS FÜR ALLEINERZIEHENDE

Wer ein Kind allein erzieht hat es oft schwer, Arbeit, Kind und Haushalt unter einen Hut zu bringen. Die finanzielle Lage wird dann besonders prekär, wenn man nicht mindestens Unterhalt in Höhe des gesetzlichen Mindestunterhalts nach dem Bürgerlichen Gesetzbuch (BGB) bekommt. Dann muss der alleinerziehende Elternteil nicht nur den Unterhaltsanspruch des Kindes verfolgen, sondern auch im Rahmen der eigenen Leistungsfähigkeit für den ausfallenden Unterhalt aufkommen. In diesem Fall hilft der Unterhaltsvorschuss.

01

Tipp

Es empfiehlt sich eine rechtzeitige Beratung über den Unterhaltsvorschuss. Der richtige Ansprechpartner ist das zuständige Jugendamt. Eine Broschüre zum Unterhaltsvorschuss kann auf der Internetseite des Bundesfamilienministeriums www.bmfsfj.de heruntergeladen werden. Diese ist auch beim Bundesministerium für Familie, Senioren, Frauen und Jugend, 10018 Berlin zu bestellen.

BERECHTIGTE

Unterhaltsvorschuss erhält ein Kind, wenn es

- in Deutschland seinen Wohnsitz oder seinen gewöhnlichen Aufenthalt hat,
- hier bei einem alleinerziehenden Elternteil lebt,
- von dem anderen Elternteil nicht oder nicht regelmäßig Unterhalt in Höhe des gesetzlichen Mindestunterhalts nach § 1612 a BGB erhält und
- das 18. Lebensjahr noch nicht vollendet hat.

Für ein Kind zwischen 12 und 18 Jahren besteht zusätzlich die Voraussetzung, dass

- das Kind nicht auf Leistungen nach dem SGB II angewiesen ist oder
- der alleinerziehende Elternteil im SGB-II-Bezug ein eigenes Bruttoeinkommen von mindestens 600 Euro monatlich erzielt.

Das Kind und der alleinerziehende Elternteil müssen in einem Haushalt zusammenleben. Das muss allerdings nicht der eigene Haushalt des Alleinerziehenden sein; der alleinerziehende Elternteil und das Kind können z.B. auch im Haushalt der Großeltern zusammenleben. Alleinerziehend ist ein Elternteil, wenn er ledig, verwitwet oder geschieden ist oder von seinem Ehegatten oder Lebenspartner dauernd getrennt lebt. Ist der andere Elternteil verstorben, kommt es darauf an, ob das Kind Waisenbezüge in Höhe des Regelbetrags bezieht.

Vorsicht

Der Anspruch auf die Unterhaltsvorschussleistung ist ausgeschlossen, wenn keine Auskünfte über den zahlungspflichtigen Elternteil gegeben werden oder die Mitwirkung zur Feststellung der Vaterschaft oder des Aufenthalts des anderen Elternteils verweigert wird. Ferner besteht kein Anspruch auf Unterhaltsleistung für Monate, für die der andere Elternteil seine Unterhaltspflicht gegenüber dem Berechtigten durch Vorausleistung erfüllt hat.

HÖHE

Der Unterhaltsvorschuss beträgt seit dem 1. Januar 2019

- für Kinder bis fünf Jahre 160 Euro monatlich,
- für Kinder von sechs bis elf Jahren 212 Euro monatlich,
- für Kinder von 12 bis 17 Jahren 282 Euro monatlich.

Abzug von Unterhaltszahlungen

Von diesen Unterhaltsvorschussbeträgen werden Unterhaltszahlungen des anderen Elternteils oder die Waisenbezüge, die das Kind nach dessen Tod oder nach dem Tod eines Stiefelternteils erhält, abgezogen. Nicht abgezogen werden sonstige Einkünfte des Kindes und das Einkommen des alleinerziehenden Elternteils.

Der Unterhaltsvorschuss wird monatlich im Voraus gezahlt. Besteht der Unterhaltsanspruch des Kindes nicht für den ganzen Monat, so wird die Vorschussleistung anteilig berechnet.

BEZUGSDAUER

Der Unterhaltsvorschuss wird bei Vorliegen der übrigen Voraussetzungen dauerhaft bis zur Volljährigkeit des Kindes gezahlt.

ANTRAG

Der Unterhaltsvorschuss muss schriftlich beantragt werden. Ein mündlicher Antrag (z. B. ein Telefonanruf) genügt nicht. Der Antrag ist beim zuständigen Jugendamt zu stellen; das ist das Jugendamt, in dessen Bezirk das Kind lebt. Das Antragsformular gibt es bei der Kreis- oder Gemeindeverwaltung.

Tipp

Der Unterhaltsvorschuss kann rückwirkend auch für den Monat vor dem Eingang des Antrags von der Behörde gezahlt werden. Es müssen allerdings die gesetzlichen Voraussetzungen bereits zu dieser Zeit erfüllt gewesen sein. Und es müssen in einem zumutbaren Rahmen Anstrengungen unternommen worden sein (insbesondere durch Mahnung), den unterhaltspflichtigen Elternteil zu Unterhaltszahlungen zu veranlassen.

SCHWANGERSCHAFTSBEDINGTER MEHRBEDARF FÜR EMPFÄNGER VON ARBEITSLOSENGELD II, SOZIALHILFE ODER BAFÖG

Schwangere Frauen, die Anspruch auf Arbeitslosengeld II (siehe Seite 94 ff.) oder auf Sozialhilfe (siehe Seite 196 ff.) haben, erhalten ab der 13. Schwangerschaftswoche einen Mehrbedarfszuschlag in Höhe von 17 Prozent der Regelleistung. Auf Antrag können zusätzliche Leistungen für Erstausstattungen bei Schwangerschaft und Geburt gewährt werden. In Betracht kommen insbesondere eine Pauschale für die Beschaffung von Schwangerschaftsbekleidung, die Beihilfe für die Babyausstattung und eine Einrichtungsbeihilfe (einschließlich Kinderwagen).

Auch Auszubildende, die Leistungen nach dem Bundesausbildungsförderungsgesetz oder nach den Regelungen zur Berufsausbildungsbeihilfe erhalten (siehe 46 f.), haben Anspruch auf den schwangerschaftsbedingten Mehrbedarf und die notwendige Erstausstattung bei Schwangerschaft und Geburt.

02

FINANZIELLE HILFEN FÜR SCHULE, AUSBILDUNG UND STUDIUM

Ausbildung und Studium kosten Geld, und nicht alle Eltern können dies finanziell leisten. Der Staat unterstützt die Ausbildung von Schülern und Studenten durch eine Vielzahl von Förderungs- und Darlehensmodellen. Besondere Bedeutung haben das BAföG und die Berufsausbildungsbeihilfe. Daneben können Ausbildung und Studium auch über einen Bildungskredit der staatlichen KfW-Förderbank finanziert werden.

KURZ & BÜNDIG

- **BAföG:** Das BAföG ist eine finanzielle Unterstützung, mit der man eine Ausbildung ergreifen kann, die den eigenen Neigungen entspricht, auch wenn die Eltern sie nicht finanzieren können.
- **Förderarten:** BAföG gibt es als Vollzuschuss, Staats- oder Bankdarlehen.
- **Bedarf:** Ob Auszubildende BAföG erhalten, die eine förderungsfähige Ausbildung betreiben und die persönlichen Förderungsvoraussetzungen erfüllen, hängt davon ab, ob ihre finanziellen Mittel und die ihrer etwaigen Ehegatten bzw. eingetragenen Lebenspartner und Ihrer Eltern ausreichen, um ihren Finanzbedarf während der Ausbildung zu decken.
- **Individuelle Förderhöhe:** Die individuelle Förderhöhe wird berechnet, indem vom Bedarf das anrechenbare Einkommen und Vermögen des Auszubildenden und des Ehepartners und der Eltern abgezogen werden.
- **Dauer der Förderung:** Ausbildungsförderung wird für die Dauer der Ausbildung geleistet. Schüler werden in der Regel gefördert, solange sie die Ausbildungsstätte besuchen. Die Dauer der Förderung von Studierenden entspricht grundsätzlich der Dauer der Regelstudienzeit.
- **Rückzahlung:** Das Schüler-BAföG ist grundsätzlich nicht zurückzuzahlen. Studierende müssen mit der Rückzahlung des zinslosen Darlehens fünf Jahre nach Ende der Förderungshöchstdauer beginnen.
- **Aufstiegs-BAföG:** Durch das Aufstiegs-BAföG werden Teilnehmer an Maßnahmen zur beruflichen Aufstiegsförderung durch Beiträge zu den Kosten der Maßnahme und zum Lebensunterhalt finanziell unterstützt.

BAFÖG FÜR ÄLTERE KINDER IN DER AUSBILDUNG

Tipp

Weitere Informationen bietet der Ratgeber „Ausbildung und Studium – Geld, Recht, Versicherungen in einer spannenden Zeit" – der Verbraucherzentralen (www.ratgeber-verbraucherzentrale.de).

Bildung und Ausbildung sind heute wichtiger denn je. Aber nicht alle Eltern können ihren Kindern eine Ausbildung oder ein Studium finanzieren. Das Bundesausbildungsförderungsgesetz (BAföG) regelt die staatliche Unterstützung für die Ausbildung von Schülern und Studenten.

BERECHTIGTE

Ausbildungsförderung erhalten neben Deutschen auch Ausländer, wenn ein Elternteil bzw. der Ehegatte Deutscher ist oder wenn sie als Angehöriger eines EU-Staates Freizügigkeit oder ein Bleiberecht genießen. Grundsätzlich besteht für ausländische Auszubildende ein Anspruch auf Förderung immer dann, wenn sie eine Bleibeperspektive in Deutschland haben und bereits gesellschaftlich integriert sind.

Leistungsnachweise

Die Ausbildung wird gefördert, wenn die Leistungen erwarten lassen, dass das angestrebte Ausbildungsziel auch tatsächlich erreicht wird. Dies wird in der Regel angenommen, solange die Auszubildenden die Ausbildungsstätte besuchen oder am Praktikum teilnehmen. Auszubildende an Höheren Fachschulen, Akademien oder Hochschulen müssen zudem zu Beginn des fünften Fachsemesters entsprechende Leistungsnachweise vorlegen. Schreiben die Ausbildungs- und Prüfungsordnungen eine Zwischenprüfung oder einen entsprechenden Leistungsnachweis bereits vor Beginn des dritten Fachsemesters verbindlich vor, ist die Förderung auch im dritten und vierten Fachsemester von der Vorlage entsprechender Nachweise abhängig.

Ausbildungsförderung wird grundsätzlich nur denjenigen gewährt, die bei Beginn des Ausbildungsabschnitts, für den Ausbildungsförderung beantragt wird, das 30. Lebensjahr (bei Masterstudiengängen das 35. Lebensjahr) noch nicht vollendet haben. In besonderen Fällen kann Ausbildungsförderung auch bei Überschreiten der jeweiligen Altersgrenze geleistet werden, so z. B. für Absolventen des zweiten Bildungsweges.

FÖRDERFÄHIGE AUSBILDUNG

02

Ausbildungsförderung wird nur gewährt, wenn die Ausbildung förderfähig ist.

Für Schüler, die nicht bei ihren Eltern wohnen und für die eine auswärtige Unterbringung notwendig ist, wird Ausbildungsförderung gewährt für den Besuch von

- weiterführenden allgemeinbildenden Schulen (z. B. Haupt-, Real- und Gesamtschulen, Gymnasien) ab Klasse 10,
- Berufsfachschulen, deren Besuch keine abgeschlossene Berufsausbildung voraussetzt, einschließlich der Klassen aller Formen der beruflichen Grundbildung (z. B. Berufsvorbereitungsjahr),
- Fach- und Fachoberschulklassen, deren Besuch keine abgeschlossene Berufsausbildung voraussetzt.

Auswärtige Unterbringung

Eine auswärtige Unterbringung des Schülers ist u. a. notwendig, wenn von der elterlichen Wohnung keine entsprechende Ausbildungsstätte in zumutbarer Entfernung erreichbar ist.

Ist keine auswärtige Unterbringung notwendig, kann trotzdem eine Ausbildungsförderung gewährt werden, und zwar für den Besuch von

- Berufsfachschulklassen und Fachschulklassen, deren Besuch keine abgeschlossene Berufsausbildung voraussetzt, sofern diese in einem zumindest zweijährigen Bildungsgang einen berufsqualifizierenden Abschluss vermitteln,
- Fach- und Fachoberschulklassen, deren Besuch eine abgeschlossene Berufsausbildung voraussetzt,
- Abendhauptschulen, Berufsaufbauschulen, Abendrealschulen, Abendgymnasien und Kollegs,

- Höhere Fachschulen und Akademien,
- Hochschulen.

Erstausbildung

Grundsätzlich wird nur eine Ausbildung (Erstausbildung) gefördert. Die Erstausbildung setzt sich zusammen aus der weiterführenden allgemeinbildenden Schulausbildung und der berufsbildenden Ausbildung. Ausnahmsweise können aber auch weitere Ausbildungen gefördert werden, wenn die gesetzlichen Voraussetzungen vorliegen. Wenn der Auszubildende die Fachrichtung gewechselt oder eine frühere Ausbildung abgebrochen hat, ist eine weitere Ausbildungsförderung nur dann möglich, wenn er die frühere Ausbildung aus wichtigem oder unabweisbarem Grund abgebrochen hat (z. B. mangelnde intellektuelle, psychische oder körperliche Eignung).

BERECHNUNG

Tipp

Die Berechnung der Ausbildungsförderung ist recht kompliziert. Online kann unter www.bafoeg-rechner.de die Höhe des Anspruchs selbst berechnet werden.

Ob Auszubildende Förderung erhalten, hängt davon ab, ob ihre finanziellen Mittel und die ihrer Ehegatten und Eltern reichen, um den Finanzbedarf während der Ausbildung zu decken.

Bedarf

Für die Höhe der Ausbildungsförderung maßgebend sind nicht die bei den Auszubildenden tatsächlich und individuell anfallenden konkreten Kosten, sondern ein abstrakter Bedarf, den ein Auszubildender nach der Vorstellung des Gesetzgebers typischerweise für Lebensunterhalt (z. B. Ernährung, Unterkunft, Bekleidung) und Ausbildung (z. B. Lehrbücher, Fahrtkosten zur Ausbildungsstätte) benötigt. Die in der folgenden Auflistung aufgeführten Bedarfssätze, die nach der Art der Ausbildung und der Unterbringung differieren, sind die Beträge, die bestenfalls gezahlt werden. Im Regelfall erhalten BAföG-Bezieher weniger, weil der jeweilige Bedarfssatz mit dem Einkommen des Auszubildenden und der Eltern verrechnet wird.

Höhe der Ausbildungsförderung

Ausbildungsstätte	Wohnung bei den Eltern	eigene Wohnung
weiterführende allgemeinbildende Schulen und Berufsfachschulen ab Klasse 10 sowie Fach- und Fachoberschulen, wenn der Besuch keine abgeschlossene Berufsausbildung voraussetzt	keine Förderung	504 Euro
Berufsfachschul- und Fachschulklassen, die in einem zumindest zweijährigen Bildungsgang einen berufsqualifizierenden Abschluss vermitteln, wenn der Besuch keine abgeschlossene Berufsausbildung voraussetzt	231 Euro	504 Euro
Abendhaupt- und Abendrealschulen, Berufsaufbauschulen, Fachoberschulklassen, deren Besuch eine abgeschlossene Berufsausbildung voraussetzt	418 Euro	587 Euro
Fachschulklassen, deren Besuch eine abgeschlossene Berufsausbildung voraussetzt, Abendgymnasien, Kollegs	424 Euro	622 Euro
Höhere Fachschulen, Akademien, Hochschulen	451 Euro	649 Euro

Beitragspflichtige Auszubildende

Für Auszubildende, die beitragspflichtig in der gesetzlichen Krankenversicherung oder einer privaten Krankenversicherung versichert sind, erhöht sich der Bedarfssatz um weitere 71 Euro monatlich. Zur Abgeltung der Kosten für die Pflegeversicherung wird für beitragspflichtige Auszubildende ein Pflegeversicherungszuschlag von 15 Euro geleistet.

Auszubildende mit Kind

Für Auszubildende, die mit mindestens einem eigenen Kind, das das zehnte Lebensjahr noch nicht vollendet hat, in einem Haushalt leben, erhöht sich der Bedarf um monatlich 130 Euro für jedes Kind. Der Kinderbetreuungszuschlag wird für denselben Zeitraum nur einem Elternteil gewährt.

Berechnung der individuellen Förderhöhe

Abstrakter Bedarf

Wie oben bereits dargelegt, kommt es hierbei nicht auf die individuell entstehenden Kosten an, sondern es wird ein abstrakter Bedarf zugrunde gelegt, der sich danach berechnet, was ein durchschnittlicher Auszubildender für seinen Lebensunterhalt und seine Ausbildung benötigt. Ob dann der Auszubildende diese monatliche Finanzspritze auch tatsächlich bekommt, hängt davon ab, ob seine eigenen Mittel und die seiner Eltern ausreichen würden, um den Schulbesuch oder das Studium eigenständig zu finanzieren. Aus diesem Grund wird das Einkommen ermittelt, das der Familie dafür theoretisch zur Verfügung stünde. Ergibt sich unterm Strich ein positiver Betrag, wird der Auszubildende in entsprechender Höhe gefördert.

Die individuelle Förderhöhe berechnet sich also wie folgt:

Bedarf nach BAföG
– anrechenbares Einkommen und Vermögen des Auszubildenden
– anrechenbares Einkommen des Ehepartners und der Eltern

= Förderbetrag nach BAföG

Freibeträge

Zunächst ist das Einkommen des Auszubildenden auf die mögliche Förderung anzurechnen, allerdings nicht uneingeschränkt und vollständig. Angerechnet wird das zu versteuernde Einkommen, steuerfreies Einkommen z. B. aus einer ehrenamtlichen Tätigkeit bleibt unberücksichtigt. Von den Einkünften abzuziehen sind zumindest pauschalierte Werbungskosten von zurzeit 1.000 Euro jährlich und eine Sozialpauschale von 21,2 Prozent. Anrechnungsfrei bleiben monatliche Freibeträge des Auszubildenden von 290 Euro, des Ehegatten von 570 Euro und für jedes Kind von 520 Euro.

Neben dem Einkommen wird auch das Vermögen des Auszubildenden angerechnet. Aber auch hier gibt es anrechnungsfreie Beträge: 7.500 Euro für den Auszubildenden selbst,

2.100 Euro für seinen Ehegatten und weitere 2.100 Euro für jedes Kind des Auszubildenden. Der die Freigrenze übersteigende Vermögensbetrag wird durch die Zahl der Kalendermonate des Bewilligungszeitraums geteilt und dann auf den monatlichen Bedarf angerechnet.

Elternunabhängige Förderung

Nur in Ausnahmefällen wird das Einkommen der Eltern nicht angerechnet. Dann wird nur das eigene Einkommen und Vermögen der Auszubildenden sowie das Einkommen des etwaigen Ehegatten oder eingetragenen Lebenspartners angerechnet. Eine elternunabhängige Förderung erfolgt, wenn

- der Aufenthaltsort der Eltern nicht bekannt ist oder sie im Ausland leben und dort rechtlich oder tatsächlich gehindert sind, Unterhalt im Inland zu leisten,
- die Ausbildungsförderung für den Besuch eines Abendgymnasiums oder Kollegs geleistet wird,
- die Auszubildenden bei Beginn des Ausbildungsabschnitts bereits das 30. Lebensjahr vollendet haben (und ausnahmsweise trotz dieses Umstands gefördert werden),
- die Auszubildenden bei Beginn des Ausbildungsabschnitts schon fünf Jahre erwerbstätig gewesen sind, nachdem sie das 18. Lebensjahr vollendet haben,
- die Auszubildenden vor Beginn des Ausbildungsabschnitts eine zumindest dreijährige berufsqualifizierende Ausbildung absolviert haben und anschließend mindestens drei Jahre erwerbstätig waren.

In den beiden letzten Fällen müssen die Auszubildenden in den Jahren ihrer Erwerbstätigkeit in der Lage gewesen sein, sich aus deren Ertrag selbst zu unterhalten.

Wird das Einkommen der Eltern bei der Ausbildungsförderung angerechnet, so wird dieses nicht in voller Höhe berücksichtigt. Zunächst werden von den positiven Einkünften die Einkommen- und Kirchensteuer sowie die pauschal festgesetzten Beträge für die soziale Sicherung (z. B. Pflichtbeiträge zur gesetzlichen

Krankenversicherung) abgezogen. Ferner gelten bestimmte Freibeträge, z. B. 1.715 Euro für verheiratete und zusammenlebende Elternteile, 1.145 Euro für alleinstehende Elternteile, 570 Euro für Stiefelternteile und 520 Euro für Kinder und sonstige Unterhaltsberechtigte, die nicht in einer förderungsfähigen Ausbildung sind. Vom Einkommen der Eltern bleiben nach Abzug dieser Grundfreibeträge weitere 50 Prozent sowie für jedes Kind, für das ein Freibetrag gewährt wird, weitere fünf Prozent anrechnungsfrei. Der so errechnete Betrag ist der Anrechnungsbetrag, den die Eltern des Auszubildenden nach dem BAföG für die Finanzierung der Ausbildung aufbringen müssen.

BEZUGSDAUER

Regelstudienzeit

Ausbildungsförderung wird für die Dauer der Ausbildung geleistet. Schüler werden in der Regel gefördert, solange sie die Ausbildungsstätte besuchen. Die Dauer der Förderung von Studierenden entspricht grundsätzlich der Dauer der Regelstudienzeit. Eine Förderung darüber hinaus ist möglich, wenn der Studierende unter anderem aus schwerwiegenden Gründen (z. B. Krankheit), wegen einer Mitwirkung in der Hochschulverwaltung, aufgrund einer Behinderung oder wegen einer Schwangerschaft die Förderungszeit überschritten hat.

ZUSCHUSS ODER DARLEHEN

Ausbildungsförderung wird als Zuschuss oder Darlehen gewährt. In welcher Form die Ausbildungshilfe gezahlt wird, hängt davon ab, für welche Ausbildung die Förderung beansprucht wird.

Tipp
Schüler erhalten die Förderung als Vollzuschuss und müssen daher nichts zurückzahlen.

Studierende an Höheren Fachschulen, Akademien und Hochschulen erhalten die Förderung grundsätzlich nur zur Hälfte als Zuschuss. Die andere Hälfte bekommen sie als unverzinsliches Staatsdarlehen, das bis zu einem Gesamtbetrag von 10.000 Euro zurückgezahlt werden muss.

Nur ausnahmsweise wird Ausbildungsförderung als verzinsliches Bankdarlehen gewährt, so beispielsweise für eine einzige weitere Ausbildung, die eine Hochschulausbildung insoweit ergänzt, als dies für die Aufnahme des angestrebten Berufs rechtlich erforderlich ist, oder für die durch einen zweiten oder weiteren Fachrichtungswechsel verlängerte Studiendauer.

ANTRAG

Formblätter

Die Leistungen nach dem BAföG müssen schriftlich auf den dafür vorgesehenen Formblättern beim zuständigen Amt für Ausbildungsförderung beantragt werden. Die Formblätter sind bei allen Ämtern für Ausbildungsförderung erhältlich, die auch die BAföG-Anträge bearbeiten und entscheiden, ob Auszubildende Leistungen nach dem BAföG bekommen. Der Antrag kann auch über das Internet unter www.bafoeg.de ausgedruckt werden.

Zuständigkeit

Für Studierende ist in der Regel das Studentenwerk der Hochschule, an der sie immatrikuliert sind, das zuständige Amt für Ausbildungsförderung. Für Auszubildende an Abendgymnasien, Kollegs, Höheren Fachschulen und Akademien ist das Amt für Ausbildungsförderung zuständig, in dessen Bezirk sich die Ausbildungsstätte befindet. Und für alle anderen Schüler ist das Amt für Ausbildungsförderung der Stadt/Kreisverwaltung am Wohnort der Eltern zuständig.

RÜCKZAHLUNG

Das Schüler-BAföG ist grundsätzlich nicht zurückzuzahlen, weil es sich um einen Vollzuschuss handelt (siehe oben).

Mit der Rückzahlung von zinslosen Staatsdarlehen muss erst fünf Jahre nach dem Ende der Förderungshöchstdauer oder bei Ausbildungen an Akademien fünf Jahre nach dem Ende der in der Ausbildungs- und Prüfungsordnung vorgesehenen Ausbildungszeit begonnen werden. Das Staatsdarlehen muss dann in gleich bleibenden monatlichen Raten von mindestens 105 Euro innerhalb von 20 Jahren zurückgezahlt werden.

BAFÖG-REFORM 2019

Im Rahmen der BaföG-Reform sind für Herbst 2019 folgende Änderungen geplant:

Der Wohnzuschlag für nicht bei den Eltern wohnende Geförderte soll im ersten Schritt um 30 Prozent von derzeit 250 Euro auf 325 Euro angehoben werden.

Der Förderungshöchstsatz soll von derzeit 735 Euro auf künftig insgesamt rund 850 Euro monatlich steigen.

Anhebung der Bedarfssätze

Die Bedarfssätze werden insgesamt um sieben Prozent angehoben, nämlich um fünf Prozent im ersten Schritt 2019 und nochmals um zwei Prozent in 2020. Die Einkommensfreibeträge werden um insgesamt neun Prozent angehoben, nämlich um sieben Prozent im ersten Schritt 2019 und nochmals um zwei Prozent in 2020.

Erhöhung der Freibeträge

Der Freibetrag für eigenes Vermögen von Auszubildenden wird im Jahr 2020 von derzeit 7.500 Euro auf 8.200 Euro angehoben. Die zusätzlichen Vermögensfreibeträge für Auszubildende mit Unterhaltspflichten gegenüber eigenen Ehegatten, Lebenspartnern und Kindern werden zugleich von derzeit jeweils 2.100 Euro auf 2.300 Euro angehoben.

BERUFSAUSBILDUNGSBEIHILFE ALS ARBEITSFÖRDERUNGSMASSNAHME

Um eine betriebliche oder außerbetriebliche Berufsausbildung in einem anerkannten Ausbildungsberuf zu ermöglichen, können Auszubildende Berufsausbildungsbeihilfe erhalten. Sie wird gezahlt, wenn Auszubildende während der Berufsausbildung nicht bei den Eltern wohnen können, weil der Ausbildungsbetrieb vom Elternhaus zu weit entfernt ist. Berufsausbildungsbeihilfe wird von der Agentur für Arbeit gezahlt.

BILDUNGSKREDIT ZUR FINANZIERUNG VON FORTGESCHRITTENEN AUSBILDUNGSPHASEN

Schüler und Studierende können zur Finanzierung von fortgeschrittenen Ausbildungsphasen einen Bildungskredit erhalten. Dieser kann neben einem BAföG-Darlehen gewährt werden. Anders als beim BAföG besteht jedoch kein Rechtsanspruch auf Gewährung eines Bildungskredits.

Tipp
Weitere Informationen zum Bildungskredit gibt es im Internet unter www.bildungskredit.de.

BERECHTIGTE

Unter anderem können folgende Personen einen Bildungskredit erhalten:

- Volljährige Schüler in den beiden letzten Jahren ihrer Ausbildung, wenn sie bereits über einen berufsqualifizierenden Abschluss verfügen oder diesen mit dem erfolgreichen Abschluss ihrer gegenwärtigen schulischen Ausbildung erlangen werden.
- Studierende, die
  - die Zwischenprüfung dieses Studiengangs,
  - eine schriftliche Erklärung der Ausbildungsstätte vorlegen, aus der hervorgeht, dass in dem Studiengang eine Zwischenprüfung nicht vorgesehen ist und die/der Studierende die üblichen Leistungen mindestens der ersten beiden Ausbildungsjahre erbracht hat, für die Fortsetzung dieses Studiengangs; bei Studierenden in Bachelorstudiengängen reicht eine Erklärung der Ausbildungsstätte, aus der hervorgeht, dass in dem Studiengang eine Vor-

prüfung nicht vorgesehen ist und die/der Studierende die üblichen Leistungen des ersten Ausbildungsjahrs erbracht hat,

- den ersten Teil eines Konsekutiv-Studiengangs erfolgreich abgeschlossen haben, für die Fortsetzung dieses Studiengangs, oder
- bereits über einen Abschluss in einem grundständigen Studiengang verfügen, für einen postgradualen Studiengang, z. B. Masterstudiengang.

Anerkannte Ausbildungsstätte

Es werden nur Ausbildungen an Ausbildungsstätten gefördert, die im Rahmen des Berufsausbildungsförderungsgesetzes anerkannt sind. Und eine Förderung ist nur möglich, solange der Auszubildende das 36. Lebensjahr noch nicht vollendet hat. Studierende können den Bildungskredit in der Regel nur bis zum Ende des zwölften Studiensemesters erhalten.

FÖRDERUNG

Der Bildungskredit wird monatlich im Voraus in gleich bleibenden Raten ausgezahlt. Beantragt werden können monatliche Raten von 100 Euro, 200 Euro oder 300 Euro. Innerhalb eines Ausbildungsabschnitts können bis zu 24 Monatsraten, also bis zu 7.200 Euro bewilligt werden. Soweit insgesamt die Grenze von 24 Monatsraten und 7.200 Euro nicht überschritten wird, kann, gegebenenfalls neben dem monatlich auszuzahlenden Kredit, ein Teil des Kredites als Abschlag im Voraus ausgezahlt werden, und zwar einmalig bis zur Höhe von 3.600 Euro.

ANTRAG

Der Bildungskredit muss schriftlich beim Bundesverwaltungsamt, 50728 Köln, oder im Internet unter www.bildungskredit.de beantragt werden. Wenn die Fördervoraussetzungen vorliegen, erteilt die Behörde einen Bewilligungsbescheid. Dieser berechtigt die Auszubildenden, mit der Kreditanstalt für Wiederaufbau (KfW) einen Kreditvertrag abzuschließen.

RÜCKZAHLUNG

Der Bildungskredit ist nach einer mit der ersten Auszahlung beginnenden Frist von vier Jahren in monatlichen Raten von 120 Euro an die KfW zurückzuzahlen. Er kann auch vorab ganz oder teilweise zurückgezahlt werden, ohne dass zusätzliche Kosten anfallen.

AUFSTIEGS-BAFÖG

Ziel der individuellen Förderung ist es, Teilnehmern an Maßnahmen zur beruflichen Aufstiegsförderung durch Beiträge zu den Kosten der Maßnahme und zum Lebensunterhalt finanziell zu unterstützen. Gesetzliche Grundlage ist das Aufstiegsfortbildungsförderungsgesetz vom 23. April 1996.

Tipp
Weitere Informationen zum Aufstiegs-BaföG gibt es im Internet unter www.aufstiegs-befoeg.de.

BERECHTIGTE

Anspruch auf Aufstiegsförderung haben Handwerker, Techniker und Fachkräfte, die sich zu Handwerks- oder Industriemeistern, Fachkaufleuten, Betriebswirten oder zu vergleichbaren Qualifikationen weiterqualifizieren wollen. Der angestrebte berufliche Abschluss muss über dem Niveau einer Facharbeiter-, Gesellen- und Gehilfenprüfung oder eines Berufsfachschulabschlusses liegen. Gefördert wird auch für eine Maßnahme, wenn die Person bereits über einen Bachelorabschluss oder einen diesem vergleichbaren Hochschulabschluss verfügt.

Berufliche Qualifikation

Der Teilnehmer muss vor Beginn der Maßnahme über die nach der jeweiligen Fortbildungsordnung für die Prüfungszulassung erforderliche berufliche Qualifikation verfügen. Eine Altersgrenze für die Förderung besteht nicht.

GEFÖRDERTE FORTBILDUNGSMASSNAHMEN

Förderfähig ist die Teilnahme an Fortbildungsmaßnahmen öffentlicher und privater Träger in Voll- und Teilzeit, die fachlich gezielt auf öffentlich-rechtliche Prüfungen nach dem Berufsbildungsgesetz, der Handwerksordnung oder auf gleichwertige Abschlüsse nach Bundes- oder Landesrecht vorbereiten.

Voraussetzungen für Förderung

Voraussetzung für die Förderung ist u. a., dass

- die Maßnahme mindestens 400 Unterrichtsstunden umfasst (Mindestdauer),
- Vollzeitmaßnahmen nicht länger als drei Jahre dauern und in der Regel in jeder Woche an vier Werktagen mindestens 25 Unterrichtsstunden stattfinden,
- Teilzeitmaßnahmen nicht länger als vier Jahre dauern und in jedem Monat im Durchschnitt mindestens 18 Unterrichtsstunden stattfinden,
- Lehrgänge bei zertifizierten Anbietern stattfinden, die über ein entsprechendes Qualitätssicherungssystem verfügen.

UMFANG DER FÖRDERUNG

Während der Teilnahme an einer Maßnahme wird ein Beitrag zu den Kosten der Lehrveranstaltung, bei Maßnahmen in Vollzeitform wird darüber hinaus ein Beitrag zur Deckung des Unterhaltsbedarfs geleistet.

Zuschuss und Bankdarlehen

Zur Finanzierung der Lehrgangs- und Prüfungsgebühren wird einkommens- und vermögensunabhängig ein Beitrag in Höhe der tatsächlich anfallenden Gebühren gezahlt, maximal aber 15.000 Euro. 40 Prozent der Förderung wird als Zuschuss geleistet. Für den Rest der Fördersumme besteht die Möglichkeit, über die Kreditanstalt für Wiederaufbau ein zinsgünstiges Bankdarlehen zu erhalten. Alleinerziehende, die Kinder unter 10 Jahren oder Kinder mit Behinderung im eigenen Haushalt erziehen, können ebenfalls einkommens- und vermögensunabhängig zusätzlich einen pauschalen Kinderbetreuungszuschlag in Höhe von 130 Euro erhalten.

Unterhaltsförderung

Bei Vollzeitmaßnahmen wird neben der Förderung der Fortbildungskosten ein Beitrag zum Lebensunterhalt gezahlt. Diese Unterhaltsförderung ist allerdings abhängig vom Einkommen und Vermögen.

02

- Alleinstehende können einen maximalen Unterhaltsbeitrag von 768 Euro (Zuschussanteil bis zu 333 Euro) erhalten. Bei Verheirateten und Verpartnerten erhöht sich dieser maximale Betrag um 235 Euro (Zuschussanteil 50 Prozent), wenn Kinder vorhanden sind, für die ein Kindergeldanspruch besteht, um 235 Euro je Kind (Zuschussanteil bis zu 55 Prozent). Wenn Kinder unter 10 Jahren oder Kinder mit Behinderung im eigenen Haushalt allein erzogen werden, wird darüber hinaus ein pauschaler monatlicher Zuschuss für die Kinderbetreuung von 130 Euro je Kind gezahlt; dieser Zuschuss ist einkommens- und vermögensunabhängig.

Freibetrag

- Der Einkommensfreibetrag beträgt 290 Euro. Bei Verheirateten und Verpartnerten erhöht sich dieser Freibetrag um 570 Euro, für jedes Kind um 520 Euro. Ein Ehe- oder Lebenspartner hat zusätzlich einen eigenen Einkommensfreibetrag von 1.145 Euro, bevor sein Einkommen auf die Förderung angerechnet wird.

Anrechnung von Vermögen

- Vermögen wird erst ab einem Betrag von 45.000 Euro angerechnet. Dieser Freibetrag erhöht sich bei Verheirateten und Verpartnerten, die nicht dauerhaft getrennt leben, um 2.100 Euro. Für jedes Kind erhöht er sich ebenfalls um 2.100 Euro.

ANTRAG

Förderanträge sind in der Regel bei den kommunalen Ämtern für Ausbildungsförderung bei den Kreisen und kreisfreien Städten zu stellen.

03

STAATLICHE FÖRDERUNG DER VERMÖGENSBILDUNG UND ALTERSVORSORGE

Der Staat fördert die Vermögensbildung der Arbeitnehmer durch eine Geldzulage, die sogenannte Arbeitnehmersparzulage. Daneben subventioniert er die private Altersvorsorge durch Zulagen und bzw. oder steuerliche Ersparnisse; von Bedeutung sind in diesem Zusammenhang die Riester-Förderung, die Rürup-Rente und die Förderung der betrieblichen Altersvorsorge, die im Folgendem detailliert erläutert werden.

KURZ & BÜNDIG

- **Arbeitnehmer-Sparzulage:** Mit der Arbeitnehmer-Sparzulage fördert der Staat vermögenswirksame Leistungen für Arbeitnehmer, die ein geringes Jahreseinkommen haben. Vermögenswirksame Leistungen erbringt der Arbeitgeber aufgrund eines Tarifvertrags, einer Betriebsvereinbarung oder des Arbeitsvertrags.
- **Wohnungsbauprämie:** Wohnungsbauprämie wird als staatliche Förderleistung für das Bausparen gewährt. Sie wird nur auf solche Sparleistungen gezahlt, die nicht bereits schon im Rahmen der vermögenswirksamen Leistungen gefördert worden sind.
- **Riester-Rente:** Die Riester-Rente ist eine private Altersvorsorge auf freiwilliger Basis, mit der Arbeitnehmer ihre persönliche Versorgungslücke schließen können. Dabei erhält ein gesetzlich festgelegter Personenkreis in der sogenannten Ansparphase direkte Zulagen und profitiert zudem, weil er Sonderausgaben steuermindernd geltend machen kann.
- **Rürup-Rente:** Die Rürup-Rente ist eine staatlich subventionierte Altersversorgung. Sie ist eine ganz normale private Rentenversicherung, bei der jedoch am Ende der Ansparphase ausschließlich die Umwandlung in lebenslange regelmäßige Rentenzahlungen möglich ist.
- **Betriebsrente:** Arbeitnehmer haben Anspruch auf eine eigenfinanzierte betriebliche Altersvorsorge, die die gesetzliche Rente ergänzt. Dabei verzichtet der Arbeitnehmer auf bestimmte Teile des Gehalts, die er vergünstigt zu einer lebenslangen Betriebsrente umwandelt.

ARBEITNEHMERSPARZULAGE ALS ZUSCHUSS FÜR VERMÖGENSWIRKSAME LEISTUNGEN

Viele Arbeitgeber zahlen an ihre Arbeitnehmer sogenannte vermögenswirksame Leistungen zum privaten Vermögensaufbau. Der Arbeitgeber erbringt diese Leistungen aufgrund eines Tarifvertrags, einer Betriebsvereinbarung oder des Arbeitsvertrags. Dabei wird zwischen Arbeitgeber und Arbeitnehmer vereinbart, dass ein Teil des Nettogehalts – nach Abzug von Steuern und Sozialversicherung – in einen Sparvertrag überwiesen wird. Je nach Sparform und Einkommen besteht dann Anspruch auf Arbeitnehmersparzulage.

VORAUSSETZUNGEN

Einkommensgrenzen

Arbeitnehmersparzulage zahlt der Staat nur an Arbeitnehmer mit niedrigem Einkommen: Ledige dürfen bis zu 17.900 Euro, Verheiratete bis zu 35.800 Euro im Jahr verdienen. Diese Werte gelten für die Anlage in Bausparverträgen oder Darlehenstilgung. Beim Aktienfondssparen liegt die Grenze bei 20.000 bzw. 40.000 Euro.

Maßgebend ist das zu versteuernde Einkommen. Steuerliche Abzüge wie Werbungskosten, Sonderausgaben oder Kinderfreibeträge werden also vom Bruttoeinkommen abgezogen.

HÖHE

Für eine Anlagesumme von bis zu 470 Euro für Ledige bzw. 940 Euro für Verheiratete pro Jahr gibt es 9 Prozent Arbeitnehmersparzulage, wenn die Raten für sogenannte wohnwirtschaftliche Zwecke verwendet werden. Dazu zählt u. a. das Besparen eines Bausparvertrags. Die Zulage beträgt damit maximal 43 Euro für Ledige und 86 Euro für Verheiratete.

Mit 20 Prozent wird das Aktiensparen oder der Erwerb von Beteiligungen oder Belegschaftsaktien gefördert. Hier gilt ein Höchstbetrag von 400 Euro für Ledige bzw. 800 Euro für Verheiratete pro Jahr. Die Zulage beträgt dann höchstens 80 Euro (Ledige) bzw. 160 Euro (Verheiratete).

Tipp
Werden beide Anlageformen kombiniert, können Singles jährlich insgesamt 123 Euro staatliche Prämie erhalten, Ehepaare sogar 246 Euro.

ANTRAG

Die Arbeitnehmersparzulage wird auf Antrag von dem Finanzamt festgesetzt, das für die Besteuerung des Arbeitnehmers zuständig ist. Grundsätzlich erhalten Sparer von ihrem Anlageinstitut nach Ablauf des Jahres eine Anlage VL. Diese ist ausgefüllt der Einkommensteuererklärung beizufügen. Wer keine Einkommensteuererklärung abgibt, muss beim Finanzamt einen gesonderten Antrag auf Arbeitnehmersparzulage stellen.

WOHNUNGSBAUPRÄMIE ZUR FÖRDERUNG DES BAUSPARENS

Wohnungsbauprämie wird als staatliche Förderleistung für das Bausparen gewährt. Die Prämie wird nur auf solche Sparleistungen gezahlt, die nicht bereits schon im Rahmen der vermögenswirksamen Leistungen gefördert worden sind.

VORAUSSETZUNGEN

Wohnungsbauprämie kann beantragen, wer

- mindestens 16 Jahre alt ist,
- mindestens 50 Euro im Jahr auf einen Bausparvertrag einzahlt und
- ein zu versteuerndes Einkommen hat, das 25.600 Euro (Ledige) bzw. 51.200 Euro (Verheiratete) im Jahr nicht übersteigt.

Wohnwirtschaftliche Verwendung

Seit 2009 wird die Wohnungsbauprämie nur gezahlt, wenn das Kapital in eine sogenannte wohnwirtschaftliche Verwendung fließt. Dazu zählt nicht nur die Neu- und Anschlussfinanzierung der selbst genutzten oder vermieteten Wohnimmobilie. Auch die Investition in Renovierung und Modernisierung fällt darunter. Für junge Sparer unter 25 Jahren entfällt diese Zweckbindung. Sie dürfen bei Auszahlung nach sieben Jahren frei über das Guthaben verfügen.

HÖHE

Die Wohnungsbauprämie beträgt jährlich 8,8 Prozent der im Sparjahr geleisteten prämienbegünstigten Aufwendungen, die bei mehreren Verträgen zur Prüfung des Höchstbetrags zusammengerechnet werden. Begünstigt sind maximal Aufwendungen je Kalenderjahr bis zu 512 Euro (Ledige) bzw. 1.024 Euro (Verheiratete).

Beträge der Wohnungsbauprämie

	prämienbegünstigte Höchstbeträge pro Jahr	**Wohnungsbauprämie pro Jahr (maximal)**
Alleinstehende	512 Euro	45,06 Euro
Verheiratete	1.024 Euro	90,11 Euro

Eigenleistungen

Sämtliche auf den Bausparvertrag geleisteten Eigenzahlungen – inklusive Abschlussgebühr und gutgeschriebener Zinsen – zählen zu den prämienbegünstigten Bausparbeiträgen, nicht aber die vermögenswirksamen Leistungen.

ANTRAG

Um die Wohnungsbauprämie zu erhalten, muss für jedes Sparjahr auf einem amtlich vorgeschriebenen Vordruck ein Wohnungsbauprämien-Antrag an die Bausparkasse gestellt werden. Letzte Frist für den Prämienantrag ist der 31. Dezember des zweiten Jahres, das auf das Sparjahr folgt. Die Bausparkasse meldet dann die gesamte Prämie beim zuständigen Finanzamt zur Auszahlung an, erhält die Prämie ausgezahlt und schreibt sie auf dem Bausparvertrag gut.

RIESTER-RENTE – ALTERSVORSORGE VOR ALLEM FÜR ARBEITNEHMER

Die Riester-Rente ist eine private Altersvorsorge auf freiwilliger Basis, mit der Arbeitnehmer ihre persönliche Versorgungslücke schließen können. Damit sollen breite Teile der Bevölkerung zur zusätzlichen individuellen Altersabsicherung durch finanzielle Zuschüsse und besondere Steuerersparnisse motiviert werden.

Tipp

Viele Tipps zur Altersvorsorge enthält der Ratgeber „Altersvorsorge – Die besten Strategien für Ihre finanzielle Absicherung“ der Verbraucherzentralen (www.ratgeber-verbraucherzentrale.de).

BERECHTIGTE

Zu den förderberechtigten Personen gehören unter anderem in der gesetzlichen Rentenversicherung pflichtversicherte Arbeitnehmer, Auszubildende, Beamte, geringfügig Beschäftigte (Minijobs mit einem Verdienst bis 450 Euro monatlich), wenn sie auf die Sozialversicherungsfreiheit verzichten und Rentenversicherungsbeiträge zahlen, Bezieher von Arbeitslosengeld und Arbeitslosengeld II. Auch Selbstständige, die in der gesetzlichen Rentenversicherung pflichtversichert sind, werden gefördert (z. B. Handwerker).

Tipp

Gehört bei verheirateten Paaren nur einer der Partner zum förderfähigen Personenkreis, so hat auch der Ehegatte oder eingetragene Lebenspartner Anspruch auf staatliche Förderung, wenn er auf einen eigenen Vorsorgevertrag mindestens 60 Euro pro Jahr einzahlt.

Nicht gefördert werden freiwillig in der gesetzlichen Rentenversicherung Versicherte, geringfügig Beschäftigte, die sich von der gesetzlichen Rentenversicherung haben befreien lassen, Bezieher einer Vollrente wegen Alters und Bezieher von Sozialhilfe und Sozialgeld.

ANLAGEPRODUKTE

Gefördert wird eine Vielzahl von Finanzprodukten. „Geriestert" werden kann mit einem Banksparplan, einer konventionellen Rentenversicherung oder einem Fondssparplan. Und seit 2008 ist auch das selbst genutzte Wohneigentum in die Riester-Förderung einbezogen („Wohn-Riester").

- Bei **Banksparplänen** handelt es sich um langfristige Ratensparverträge, die mit einer variablen Verzinsung ausgestattet sind und am Ende der Sparphase in einen Auszahlplan oder eine Rentenversicherung umgewandelt werden. Banksparpläne eignen sich vor allem für Anleger mit hohem Sicherheitsbedürfnis. Es besteht ein sehr geringes Risiko; die Erträge wachsen aber nur langsam.
- Die **private Rentenversicherung** verbindet Kapitalanlage und Versicherung. Die Einzahlungen werden im Regelfall mit einer garantierten Mindestverzinsung angelegt. Sie haben daher ein sehr geringes Risiko und eignen sich besonders für jüngere, sicherheitsbewusste Anleger.
- Beim **Fondssparplan** legt der Anbieter das Kapital in Investmentfonds (Aktienfonds, Rentenfonds oder Fonds mit einer Mischung aus Aktien und Rentenpapieren) an. Eine Mindestrendite wird nicht garantiert, der Erhalt des Kapitals (der Eigenbeiträge und Zulagen) dagegen schon. Der Fondssparplan ist eher für jüngere, risikofreudigere Anleger geeignet; hier besteht unter Umständen ausreichend Zeit, etwaige Kursschwankungen wieder auszugleichen.
- **„Wohn-Riester"** kann in unterschiedlichen Formen erfolgen: So kann beispielsweise bei der Anschaffung einer Immobilie Kapital aus einem Riester-Vertrag entnommen und als Eigenkapital für den Erwerb eingesetzt werden. Bei einer laufenden Finanzierung kann jederzeit Kapital aus diesem entnommen und für Sondertilgungen des Anschaffungsdarlehens genutzt werden. Auch kann aus einem Riester-Produkt Kapital für Umbaumaßnahmen zum barrierefreien Wohnen entnommen werden.

FÖRDERUNG

Staatlich gefördert wird die private zusätzliche Altersvorsorge durch finanzielle Zuschüsse (Riester-Zulagen) und besondere Steuerersparnisse (zusätzlicher Sonderausgabenabzug).

Wird ein Teil des Einkommens in den Aufbau einer privaten zusätzlichen Alterssicherung investiert, gewährt der Staat Zulagen: eine Grundzulage und eine Kinderzulage.

Mindesteigenbeitrag

Um die maximale Grundzulage zu bekommen, müssen vier Prozent des rentenversicherungspflichtigen Vorjahresbruttoeinkommens eingezahlt werden. Wird der Mindesteigenbeitrag nur teilweise erbracht, gibt es auch nur eine anteilige Zulage. Jeder Riester-Sparer erhält eine Grundzulage von 175 Euro pro Jahr. Bei Ehepaaren erhalten beide Partner jeweils die Grundzulage, wenn sie beide einen eigenen Vertrag zur zusätzlichen Altersvorsorge abschließen (siehe oben).

Zur Grundzulage kommt noch eine Kinderzulage. Damit werden besonders Familien bei der zusätzlichen privaten Altersvorsorge gefördert. Die Kinderzulage beträgt 185 Euro für jedes Kind, für Kinder, die ab 2008 geboren wurden und werden, sogar 300 Euro. Für junge Riester-Sparer unter 26 Jahren gibt es einen einmaligen Bonus. Die erste Zulage wird um 200 Euro erhöht. Damit soll ein besonderer Anreiz geschaffen werden, frühzeitig in die Zusatzrente einzusteigen und den in seiner Wirkung beim Kapitalaufbau häufig unterschätzten Zinses-Zins-Effekt besser zu nutzen.

Vorsicht

Bei geringem Einkommen und hohem Zulageanspruch ist es möglich, dass bereits allein die Zulagen vier Prozent des sozialversicherungspflichtigen Einkommens erreichen bzw. übersteigen. Mithilfe der staatlichen Zulagen kann der Eigenanteil jedoch nicht beliebig nach unten gedrückt werden. Um die volle Zulage zu erhalten, muss deshalb ein Sockelbetrag als Mindesteigenbeitrag von 60 Euro jährlich geleistet werden.

Neben der Zulagenförderung gibt es die Möglichkeit eines zusätzlichen Sonderausgabenabzugs. So können im Rahmen der

Sonderausgabenabzug

Einkommensteuererklärung bis zu 2.100 Euro jährlich als zusätzliche Altersvorsorgeaufwendungen steuermindernd geltend gemacht werden – auch wenn dies mehr als vier Prozent des sozialversicherungspflichtigen Einkommens sind. Das Finanzamt prüft automatisch, ob und gegebenenfalls wie viel die Steuerersparnis höher ist als die Zulagenförderung (sogenannte Günstigerprüfung). Ist die Steuerersparnis größer als die Zulagen, zahlt das Finanzamt den Teil der Steuerersparnis, der die Zulagen übersteigt, als Steuerrückerstattung aus.

ANTRAG

Dauerzulagenantrag

Die Zulagenförderung muss beantragt werden. Dazu ist jedoch nicht jedes Jahr ein neuer Zulagenantrag zu stellen, sondern mit dem Dauerzulagenantrag kann der Anbieter bevollmächtigt werden, die Zulagen dauerhaft abzuwickeln.

FÜR WEN SICH DIE RIESTER-RENTE LOHNEN KANN

Die Riester-Rente ist für die meisten eine gute Möglichkeit, privat fürs Alter vorzusorgen – insbesondere für Familien mit Kindern, Geringverdiener und gut verdienende Singles.

- Für Familien mit Kindern lohnen sich vor allem die Zulagen, auf die unabhängig von Einkommen Anspruch besteht. Einer Familie mit zwei vor 2008 geborenen Kindern stehen 720 Euro direkte staatliche Förderung zu. Sind die Kinder ab 2008 geboren, liegt der Anspruch sogar bei 950 Euro. Durch die Zulagen reduziert sich der Sparbeitrag, der aus eigenen Mitteln aufgewendet werden muss, erheblich.
- Auch für Geringverdiener ohne Kinder, deren geringfügige Beschäftigung nur kurz- oder mittelfristig angelegt ist, kann die Riester-Rente interessant sein. Aufgrund des geringen Einkommens ist der Mindesteigenbeitrag niedrig. Die Zulage in Höhe von 175 Euro gibt es auf jeden Fall. Wer allerdings dauerhaft geringfügig beschäftigt ist, wird im Alter auch nur

eine geringe gesetzliche Rente erhalten, die unter Umständen unterhalb der sogenannten Grundsicherung liegt.

Schädliche Verwendung

Eine vorzeitige Rückzahlung des angesparten Kapitals gilt sowohl in der Anspar- als auch in der Auszahlungsphase als schädliche Verwendung. Sie kann die direkte Rückforderung aller Fördergelder, also Zulagen und Steuerersparnisse zur Folge haben. Außerdem sind die erwirtschafteten Kapitalerträge steuerpflichtig. Als schädliche Verwendung gilt vor allem die Kündigung des Geld-Riestervertrages und die Auszahlung des Kapitals. Die Kündigung des Vertrages mit Übertragung des vorhandenen Kapitals auf einen anderen Riester-Vertrag gilt allerdings nicht als schädliche Verwendung. Ebenso liegt keine schädliche Verwendung vor, wenn der Riester-Vertrag nur ruhend bzw. beitragsfrei gestellt, also das Guthaben nicht ausgezahlt wird.

RÜRUP-RENTE – ALTERSVORSORGE VOR ALLEM FÜR SELBSTSTÄNDIGE

Wie die Riester-Rente und die Betriebsrente (siehe unten) ist die Rürup-Rente (Basisrente) eine staatlich subventionierte Altersversorgung. Sie entspricht in ihren Leistungskriterien und in der steuerlichen Behandlung der gesetzlichen Rente, ist aber nicht wie diese durch Umlagen finanziert, sondern kapitalgedeckt.

Private Rentenversicherung

Die Rürup-Rente ist im Prinzip eine ganz normale private Rentenversicherung, bei der jedoch am Ende der Ansparphase ausschließlich die Umwandlung in lebenslange regelmäßige Rentenzahlungen möglich ist. Es besteht also kein Kapitalwahlrecht. Damit soll sichergestellt werden, dass die angesparten Beiträge auch tatsächlich zur Altersvorsorge genutzt werden. Und außerdem sind die Einzahlungen vor Insolvenz und Pfändung geschützt.

BERECHTIGTE

Der Abschluss eines Rürup-Vertrags steht grundsätzlich allen Steuerpflichtigen offen. Für Sparer mit niedrigem Einkommen ist die Rürup-Förderung aber kaum geeignet, weil allenfalls minimale Steuervorteile erzielt werden.

Konzipiert wurde die Rürup-Rente vor allem für nicht gesetzlich rentenversicherte Selbstständige, Freiberufler und Gewerbetreibende, die sich eine – staatlich geförderte – Altersvorsorge aufbauen möchten.

ANLAGEPRODUKTE

Kein Kapitalwahlrecht

Gefördert werden dieselben Anlageprodukte wie bei der Riester-Rente, also Banksparen, Fondssparen und Versicherungen. Am häufigsten werden Rentenversicherungen angeboten, bei denen am Ende der Ansparphase ausschließlich die Umwandlung in lebenslange regelmäßige Rentenzahlungen möglich ist. Es besteht also kein Kapitalwahlrecht. Damit soll sichergestellt werden, dass die angesparten Beiträge auch tatsächlich zur Altersvorsorge genutzt werden. Mit dem Tod des Versicherten ist das gesamte eingezahlte Guthaben verloren.

Lebenslange Rente

Um sicherzustellen, dass die Rente auch für die Altersvorsorge des Einzelnen eingesetzt wird, hat der Gesetzgeber die Förderung an einige Bedingungen geknüpft. So dürfen sich die Versicherten das angesparte Vorsorgekapital nicht in einem Betrag – auch nicht in Teilbeträgen – auszahlen lassen. Sie müssen eine monatliche, lebenslange Rente bekommen. Diese Rente darf für Neuabschlüsse seit 2012 frühestens ab dem 62. Geburtstag gezahlt werden (bei Verträgen vor 2012 ab dem 60. Lebensjahr). Die Versicherungsansprüche dürfen zwar nicht vererbt werden, können aber mit einer zusätzlichen Hinterbliebenenabsicherung und mit einem Berufsunfähigkeitsschutz kombiniert werden, sodass auch der Ehegatte und die kindergeldberechtigten Kinder des Versicherten abgesichert werden können.

FÖRDERUNG

Höchstbeträge

Die Beiträge zur Rürup-Rente können gemeinsam mit eventuellen Zahlungen zur gesetzlichen Rentenversicherung, zu landwirtschaftlichen Alterskassen oder zu berufsständischen Versorgungseinrichtungen als Sonderausgaben geltend gemacht werden. 2019 können 88 Prozent des steuerlich anerkannten Höchstbetrags berücksichtigt werden. Aktuell liegt der Höchstbetrag bei 24.305 Euro. Davon berücksichtigt das Finanzamt 21.388 Euro (für Ehepaare das Doppelte). Ab 2025 kann der Höchstbetrag in voller Höhe angesetzt werden.

BETRIEBLICHE ALTERSVORSORGE – RENTE VOM CHEF

Arbeitnehmer haben einen Rechtsanspruch auf eine eigenfinanzierte betriebliche Altersversorgung. Dabei spart der Arbeitnehmer einen Teil seines Gehalts für seine Altersversorgung. Diese Entgeltumwandlung wird staatlich gefördert.

FÖRDERUNG

Bruttoumwandlung

Wer auf bestimmte Teile des Gehalts verzichtet und diese vom Arbeitgeber als Beiträge für eine spätere Betriebsrente verwenden lässt, kann Steuern und Sozialabgaben sparen und sich über den Betrieb eine zusätzliche Altersversorgung aufbauen. Die für die Altersvorsorge eingesetzten Gehaltsbeträge müssen nicht versteuert werden. Auch sind dafür keine Sozialversicherungsbeiträge zu zahlen. Deshalb spricht man auch von Bruttoumwandlung.

Mit dem Arbeitgeber muss vereinbart werden, welcher Betrag des Bruttolohns für die betriebliche Altersversorgung umgewandelt werden soll. Bis zu vier Prozent der im jeweiligen Kalenderjahr geltenden Beitragsbemessungsgrenze (in 2019 sind dies 80.400 Euro) für die gesetzliche Rentenversicherung (West) können auf jeden Fall in die Gehaltsumwandlung eingebracht werden. Darauf gibt es einen gesetzlichen Anspruch. Die Umwandlung erfolgt aus dem Bruttogehalt und wird – wie gesagt – weder versteuert noch mit Sozialabgaben belegt. Weitere 1.800 Euro pro Jahr können aus dem Bruttogehalt steuerfrei, aber sozialversicherungspflichtig in eine Direktversicherung, eine Pensionskasse oder einen Pensionsfonds eingezahlt werden.

Tipp

Auch im Rahmen der betrieblichen Altersvorsorge ist die Förderung mit Riester-Zulagen und zusätzlichem Sonderausgabenabzug möglich (siehe Seite 59), wenn die Beiträge aus dem Nettoentgelt des Arbeitnehmers auf das Betriebsrentenkonto gezahlt werden und die Altersvorsorge auf dem Weg der Direktversicherung, der Pensionskasse oder des Pensionsfonds gebildet wird.

ANLAGEFORMEN

Zur Durchführung der betrieblichen Altersvorsorge kann der Arbeitgeber zwischen fünf Wegen wählen:

Direktzusage (Pensionszusage): Hier nimmt das Unternehmen die Verwaltung seiner Betriebsrenten selbst in die Hand. Der Arbeitgeber verpflichtet sich, Arbeitnehmern oder ihren Angehörigen eine Alters-, Invaliditäts- oder Hinterbliebenenrente zu zahlen. Zur Finanzierung bildet der Arbeitgeber Rückstellungen, die häufig mit festverzinslichen Wertpapieren, Aktien und Fonds hinterlegt werden.

Unterstützungskasse: Die vom Arbeitgeber – gegebenenfalls gemeinsam mit anderen Unternehmen – gegründete Unterstützungskasse ist eine rechtlich selbstständige Versorgungseinrichtung. Häufig fließt das Geld an Versicherungen, manche Unterstützungskassen leiten das Geld auch an riskantere Aktienfonds weiter. Der Arbeitgeber hat gegenüber dem Arbeitnehmer für die versprochenen Leistungen einzustehen.

Direktversicherung: Eine Direktversicherung ist im Prinzip eine herkömmliche private Rentenversicherung, die der Arbeitgeber für den Arbeitnehmer abschließt. Ähnlich wie eine Lebens- oder

Rentenversicherung müssen auch Pensionskassen die eingezahlten Guthaben sicherheitsorientiert anlegen. Arbeitnehmer oder deren Angehörige haben Anspruch auf die zugesagten Leistungen.

Pensionskasse: Pensionskassen sind rechtlich selbstständige Versorgungseinrichtungen (entweder ein Versicherungsverein auf Gegenseitigkeit oder eine Aktiengesellschaft), die ihren Mitgliedern – den versorgungsberechtigten Arbeitnehmern – einen Rechtsanspruch auf Leistungen gewähren. Sie unterliegen der Versicherungsaufsicht und damit den Anlagebeschränkungen, die für Versicherungen gelten. Eine Absicherung gegen Insolvenz über den Pensions-Sicherungs-Fonds erfolgt daher nicht.

Pensionsfonds: Pensionsfonds sind rechtlich selbstständige Einrichtungen, die gegen Zahlung von Beiträgen eine betriebliche Altersversorgung für den Arbeitgeber durchführen. Pensionsfonds können – im Unterschied zu Versicherungen und Pensionskassen – das angesammelte Versorgungskapital relativ frei auf dem Kapitalmarkt anlegen. Daraus resultieren Renditechancen, aber auch die Gefahr von Verlusten. Der Arbeitgeber muss jedoch dafür einstehen, dass Arbeitnehmern zu Rentenbeginn grundsätzlich die Summe der zugesagten Beiträge zur Verfügung steht.

Vorsicht

Arbeitnehmer können sich nicht aussuchen, welche Anlageform für ihre Gehaltsumwandlung verwendet werden soll. Sie sind auf das Produkt angewiesen, das der Arbeitgeber anbietet.

VERBESSERUNG DER BETRIEBLICHEN ALTERSVORSORGE SEIT 2018

Am 1. Januar 2018 ist das Gesetz zur Verbesserung der betrieblichen Altersversorgung (Betriebsrentenstärkungsgesetz) in Kraft getreten. Neben neuen Rahmenbedingungen ist der Kernpunkt des neuen Gesetzes, eine betriebliche Altersversorgung durch Tarifvertrag im Unternehmen einzuführen. Ziel ist, die Betriebsrente so insbesondere auch in kleinen und mittleren Unternehmen weiter zu verbreiten. Einer der wesentlichen Aspekte der Reform ist die Einführung des sogenannten Sozialpartnermodells.

Die neuen Rahmenbedingungen im Überblick:

- **Erhöhung des steuerlichen Förderrahmens:** Statt vier Prozent der Beitragsbemessungsgrenze in der gesetzlichen Rentenversicherung (West) können Arbeitnehmer künftig acht Prozent steuerfrei sparen (2019: 536 Euro monatlich, 6.432 Euro jährlich). Der zusätzliche Steuerfreibetrag von 1.800 Euro pro Jahr entfällt. Die Ersparnis bei den Sozialversicherungsabgaben beträgt allerdings weiterhin vier Prozent (2019: 268 Euro monatlich, 3.216 Euro jährlich).
- **Förderung von Geringverdienern:** Wenn Arbeitgeber die Sparanstrengungen von Mitarbeitern unterstützen, die weniger als 2.200 Euro brutto im Monat verdienen, können Sie 30 Prozent des Sparbeitrags mit der abzuführenden Lohnsteuer verrechnen. Voraussetzung ist, dass der Arbeitgeber hierzu eine betriebliche Altersvorsorge einrichtet und mindestens 240 Euro bis höchstens 480 Euro im Jahr einzahlt. Bei einem Arbeitgeberzuschuss zwischen 240 bis 480 Euro jährlich spart der Arbeitgeber somit 72 bis 144 Euro pro Jahr. Die entsprechenden Beträge kann der Arbeitgeber über die Lohnsteuerverrechnung direkt einbehalten bzw. werden ihm vom Finanzamt erstattet.
- **Neue Freibeträge bei der Grundsicherung:** Durch die Schaffung eines neuen Freibetrags in der Grundsicherung im Alter und bei Erwerbsminderung werden Betriebsrenten künftig bei der Hilfe zum Lebensunterhalt und auf die Grundsicherung nicht mehr voll angerechnet.
- **„Riestern" wird attraktiver:** Im Rahmen der betrieblichen Altersversorgung besteht die Möglichkeit, dass man seine Beiträge – anstelle einer Steuer- und Beitragsfreistellung – auch durch „Riester" fördern lassen kann. Die jährliche Grundzulage wird von 154 Euro auf 175 Euro angehoben. Ferner wird die sogenannte Doppelverbeitragung abgeschafft. Leistungen aus dem sogenannten „betrieblichen Riester" unterliegen in der Auszahlungsphase künftig nicht mehr der Beitragspflicht in der gesetzlichen Krankenversicherung.

- **Zuschuss des Arbeitgebers bei der Entgeltumwandlung:** Wandelt der Arbeitnehmer einen Teil seines Arbeitsentgelts in eine Direktversicherung, Pensionskasse oder Pensionsfonds um, muss der Arbeitgeber einen pauschalen Zuschuss von 15 Prozent des umgewandelten Entgelts zahlen, soweit er durch die Entgeltumwandlung Sozialversicherungsbeiträge spart. Diese Regelung gilt für ab dem 1. Januar 2019 neu abgeschlossene Entgeltumwandlungszusagen. Ab dem 1. Januar 2022 gilt sie auch für bestehende Entgeltumwandlungen.

04

WOHNGELD – FINANZIELLE HILFE FÜR ANGEMESSENES UND FAMILIENGERECHTES WOHNEN

Wohnraum ist teuer, für manche Menschen zu teuer und einfach nicht mehr zu bezahlen. Mit dem Wohngeld leistet Vater Staat eine Finanzspritze, damit eine angemessene und familiengerechte Unterkunft wirtschaftlich gesichert ist. Was Ihnen klar sein sollte: Wohngeld ist kein Almosen des Staates – auf Wohngeld besteht ein Rechtsanspruch. Es wird als staatlicher Zuschuss gewährt und nicht als Darlehen.

KURZ & BÜNDIG

- **Wohngeld:** Wohngeld ist ein staatlicher Zuschuss zur Miete oder zur Belastung für selbstnutzende Eigentümer, der einkommensschwachen Personen bei den Wohnkosten helfen soll.
- **Wohngeld und andere Transferleistungen:** Empfänger von sogenannten Transferleistungen (z. B. Arbeitslosengeld II, Sozialgeld, Hilfe zum Lebensunterhalt) haben keinen Anspruch auf Wohngeld. Deren Unterkunftskosten werden im Rahmen der jeweiligen Transferleistung berücksichtigt.
- **Mietzuschuss:** Als Mietzuschuss wird Wohngeld u.a. für Mieter einer Wohnung, Untermieter, Bewohner eines Heims und Eigentümer eines Hauses mit mehr als zwei Wohnungen gewährt.
- **Lastenzuschuss:** Wohngeld als Lastenzuschuss gibt es u.a. für Eigentümer einer Wohnung oder eines Hauses, Erbbauberechtigte und Inhaber eines eigentumsähnlichen Dauerwohnrechts. Der Eigentümer muss die Räume selbst bewohnen und auch die Belastungen dafür aufbringen.
- **Höhe des Wohngelds:** Ob und gegebenenfalls in welcher Höhe Wohngeld gezahlt wird, hängt von der Zahl der zu berücksichtigenden Haushaltsmitglieder, der Höhe des Gesamteinkommens und der Höhe der zuschussfähigen Miete bzw. Belastung ab.
- **Dauer der Bewilligung:** Wohngeld wird in der Regel für zwölf Monate bewilligt. Danach muss es erneut beantragt werden.

WOHNGELD FÜR MIETER UND EIGENTÜMER

Varianten

Wohngeld wird in zwei Varianten gezahlt: Als Mietzuschuss erhalten es Personen, die Mieter einer Wohnung oder eines Zimmers sind. Als Lastenzuschuss wird es Personen gewährt, die Eigentümer von selbst genutztem Wohnraum sind. Dabei ist es unerheblich, ob der Wohnraum in einem Altbau oder Neubau liegt und ob er öffentlich gefördert, steuerbegünstigt oder frei finanziert worden ist.

WOHNGELD ALS MIETZUSCHUSS

Mietzuschuss gibt es unter anderem für

- Mieter einer Wohnung oder eines Zimmers,
- Untermieter,
- Bewohner eines Heims,
- Eigentümer eines Hauses mit mehr als zwei Wohnungen,
- mietähnliche Nutzungsberechtigte (z. B. Inhaber einer Dienst- oder Werkwohnung),
- Inhaber eines dinglichen Wohnungsrechts, wenn sie diesen Wohnraum selbst nutzen.

WOHNGELD ALS LASTENZUSCHUSS

Lastenzuschuss gibt es unter anderem für

- Eigentümer einer Wohnung oder eines Hauses,
- Erbbauberechtigte,
- Eigentümer einer landwirtschaftlichen Nebenerwerbsstelle,
- Inhaber eines eigentumsähnlichen Dauerwohnrechts.

Um Anspruch auf Lastenzuschuss zu haben, muss der Eigentümer die Räume selbst bewohnen und auch die Belastungen dafür aufbringen.

WOHNGELD UND ANDERE SOZIALLEISTUNGEN

Ausgeschlossener Personenkreis

Empfänger von sogenannten Transferleistungen, das sind vom Staat gezahlte Sozialleistungen, ohne dass dafür vorab Beiträge gezahlt oder andere Gegenleistungen erbracht worden wären (z. B. Empfänger von Arbeitslosengeld II, Sozialgeld, Hilfe zum Lebensunterhalt oder Grundsicherung im Alter und bei Erwerbsminderung), haben keinen Anspruch auf Wohngeld. Deren Unterkunftskosten werden im Rahmen der jeweiligen Transferleistung berücksichtigt. Der Ausschluss von Wohngeld besteht allerdings nicht, wenn kein Antrag auf eine Transferleistung gestellt oder ein schon gestellter Antrag zurückgenommenen wurde. Zum vom Wohngeld ausgeschlossenen Personenkreis gehören unter anderem auch Mitglieder einer Bedarfsgemeinschaft eines Empfängers des Arbeitslosengelds II oder eines Sozialhilfeempfängers.

HÖHE DES WOHNGELDS

Ob und gegebenenfalls in welcher Höhe Wohngeld gezahlt wird, hängt ab von

- der Anzahl der zu berücksichtigenden Haushaltsmitglieder,
- der Höhe des Gesamteinkommens und
- der Höhe der zuschussfähigen Miete bzw. Belastung.

Welche Haushaltsmitglieder berücksichtigt werden

Die Höhe des Wohngelds hängt unter anderem davon ab, wie viele Personen im Haushalt der wohngeldberechtigten Person leben. Das wiederum beeinflusst, welches Gesamteinkommen zu berücksichtigen ist und die Höhe der zuschussfähigen Miete bzw. Belastung (siehe unten).

Haushaltsmitglied ist die wohngeldberechtigte Person, daneben auch

Haushaltsmitglieder

- sein Ehe- bzw. Lebenspartner (nach dem Lebenspartnerschaftsgesetz) Personen, die mit ihm in einer Verantwortungs- und Einstehensgemeinschaft leben,

- seine Eltern und Kinder (auch Adoptiv- und Stiefkinder),
- seine Geschwister, Onkel, Tante, Schwiegereltern, Schwiegerkinder, Schwager und Schwägerin,
- seine Pflegekinder und Pflegeeltern.

Bei der Bewilligung von Wohngeld können nur zum Haushalt zugehörige Haushaltsmitglieder berücksichtigt werden. Als zugehörig gilt, wer den Wohnraum gemeinsam mit dem Haushaltsvorstand bewohnt und sich ganz oder teilweise gemeinsam mit diesem mit dem täglichen Lebensbedarf versorgt.

Vorübergehende Abwesenheit

Familienmitglieder rechnen auch dann zum Haushalt, wenn sie vorübergehend abwesend sind (z. B. im Krankenhaus liegen), der Familienhaushalt aber auch während ihrer Abwesenheit Mittelpunkt ihrer Lebensbeziehungen bleibt. Auszubildende und Studenten zählen also dann noch zum Familienhaushalt, wenn sie zwar nicht mehr zu Hause wohnen, sie aber in ihrer Lebenshaltung überwiegend von anderen zum Haushalt rechnenden Familienmitgliedern unterstützt werden.

Wie hoch das Gesamteinkommen sein darf

Wohngeld wird nur gezahlt, wenn das monatliche Gesamteinkommen bestimmte Beträge, die nach der Anzahl der zu berücksichtigenden Haushaltsmitglieder unterschiedlich hoch sind, nicht überschreitet.

Gesamteinkommen

Das Gesamteinkommen setzt sich zusammen aus der Summe der Jahreseinkommen der zu berücksichtigenden Haushaltsmitglieder abzüglich bestimmter Freibeträge und Abzugsbeiträge für Unterhaltsleistungen. Kindergeld bleibt bei der Einkommensermittlung außer Betracht.

Zum Gesamteinkommen zählen alle steuerfreien und steuerpflichtigen Einnahmen und alle einmaligen und regelmäßigen Einnahmen. Dazu gehören:

- **Arbeitseinkommen:** z. B. Gehälter, Löhne, Weihnachtsgeld, steuerfreie Zuschläge für Sonntags-, Nacht- und Feiertagsarbeit, pauschal besteuerte und steuerfreie Arbeitslöhne
- **Lohnersatzleistungen:** z. B. Arbeitslosengeld I, Unterhaltsgeld, Kurzarbeitergeld, Schlechtwettergeld, Krankengeld, Mutterschaftsgeld
- **Sonstige Einnahmen:** z. B. Renten, Pensionen, Versorgungsbezüge, Unterhaltszahlungen, Einkünfte aus Kapitalvermögen, Arbeitslosengeld II, Einnahmen aus Vermietung und Verpachtung

Werbungskosten

Von den jeweiligen Einkünften aus nicht selbstständiger Arbeit können insbesondere die Werbungskosten abgezogen werden. Absetzbar sind pauschal mindestens 1.000 Euro. Die höchste Pauschale von 30 Prozent steht jedem zu berücksichtigenden Haushaltsmitglied zu, das Steuern vom Einkommen sowie Pflichtbeiträge zur gesetzlichen Kranken- und Pflegeversicherung und zur gesetzlichen Rentenversicherung entrichtet.

Freibeträge

Von der sich aus den einzelnen Jahreseinkommen der zu berücksichtigenden Haushaltsmitglieder ergebenden Summe der Jahreseinkommen können unter anderem noch folgende Beträge abgezogen werden:

- Freibetrag von 125 Euro monatlich für jedes zu berücksichtigende Haushaltsmitglied mit Schwerbehinderung mit einem Grad der Behinderung von 100 oder von unter 100 bei einer Pflegebedürftigkeit im Sinne des SGB XI und gleichzeitiger häuslicher oder teilstationärer Pflege oder Kurzzeitpflege.
- Freibetrag in Höhe der eigenen Einnahmen eines Kindes aus Erwerbstätigkeit, maximal jedoch 100 Euro monatlich, wenn das Kind noch nicht das 25. Lebensjahr vollendet hat.
- Freibetrag für alleinerziehende Elternteile von 110 Euro monatlich, wenn ein Elternteil ausschließlich mit Kindern zusammenwohnt und mindestens eines dieser Kinder noch nicht 18 Jahre alt ist.

Einkommensgrenzen

Die nachfolgende Tabelle gibt einen ungefähren Anhaltspunkt dafür, ab welchem Gesamteinkommen Wohngeld noch gezahlt wird. Diese Einkommensgrenzen gelten für die ab 1. Januar 1992 bezugsfertig gewordenen Wohnungen in Gemeinden der Mietstufe VI (siehe dazu unten). Bei Gemeinden der Mietenstufen I bis V oder für andere Wohnungen gelten niedrigere Grenzen des Gesamteinkommens. Die rechte Spalte der Tabelle bezeichnet die Beträge, die vor dem jeweils vorzunehmenden pauschalen Abzug (siehe oben) annähernd den Grenzen des Gesamteinkommens entsprechen.

Wenn absetzbare Beträge geltend gemacht werden können, wie z. B. Werbungskosten oder Freibeträge (siehe auch Seite 73), können die zugelassenen Bruttoeinkommen entsprechend höher sein, ohne dass dadurch die Grenze des jeweiligen Gesamteinkommens überschritten wird.

Übersicht über Einkommensgrenzen für die ab 1. Januar 1992 bezugsfertig gewordenen Wohnungen in Gemeinden der Mietenstufe VI

Zahl der zum Haushalt rechnenden Familienmitglieder	Grenze für das monatliche Gesamteinkommen (nach den Wohngeldtabellen, in Euro)	Entsprechendes monatliches Bruttoeinkommen (ohne Kindergeld) bei einem Verdiener vor einem pauschalen Abzug von … (in Euro)		
		10 %	20 %	30 %
1	1.010	1.122	1.263	1.443
2	1.384	1.538	1.730	1.977
3	1.672	1.858	2.090	2.389
4	2.166	2.407	2.708	3.094
5	2.461	2.437	3.076	3.516
6	2.763	3.070	3.454	3.947

Welche Miete bzw. Belastung zuschussfähig ist

Kostenbestandteile

Die Höhe des Wohngelds richtet sich auch nach der Höhe der zuschussfähigen Miete bzw. Belastung. Miete ist das vereinbarte Entgelt für die Gebrauchsüberlassung des Wohnraums. Zur Miete gehören auch die Kosten des Wasserverbrauchs, der Abwasser- und Müllbeseitigung und die Kosten der Treppenbeleuchtung. Zur Belastung gehören Ausgaben des Kapitaldienstes (Zinsen, Tilgung usw.) für solche Fremdmittel, die dem Bau, der Verbesserung oder dem Erwerb des Eigentums gedient haben, Instandhaltungskosten und Betriebskosten in einer bestimmten Höhe, Grundsteuer und zu entrichtende Verwaltungskosten.

Tipp

Die Mietenstufe der jeweiligen Gemeinde ist auf der Internetseite des Bundesministeriums des Innern, für Bau und Heimat www.bmi.bund.de nachzulesen. Heidelberg gehört z. B. zur Mietenstufe V Bochum zur Stufe III, Berlin zur Stufe IV, München zur Stufe VI, Koblenz zur Stufe III.

Wohngeld wird nicht für unangemessen hohe Wohnkosten geleistet. Bis zu welcher Höhe die Miete bzw. Belastung in die Wohngeldberechnung einfließt, bestimmt eine Höchstbetragstabelle, die als Anlage dem Wohngeldgesetz beigefügt ist (siehe nachfolgender Auszug). Die Höchstbeträge richten sich nach dem örtlichen Mietniveau. Jede Gemeinde mit 10.000 und mehr Einwohnern und die Kreise (mit allen Gemeinden unter 10.000 Einwohnern) gehören entsprechend ihrem Mietniveau einer bestimmten Mietenstufe an. Die Stufe I steht für Gemeinden mit dem relativ niedrigsten Mietniveau, die Stufe VI für die teuersten Wohnorte.

Höchstbeträge für Miete (in Euro)

Anzahl der zu berücksichtigenden Haushaltsmitglieder	Mietenstufen					
	I	II	III	IV	V	VI
1	312	351	390	434	482	522
2	378	425	473	526	584	633
3	450	506	563	626	695	753
4	525	591	656	730	811	879
5	600	675	750	834	927	1.004
Mehrbetrag für jedes weitere anzurechnende Haushaltsmitglied	71	81	91	101	111	126

Ein Alleinstehender bewohnt eine Wohnung, die in einer Gemeinde liegt, die der Mietenstufe IV angehört. Er zahlt eine monatliche Brutto-Kaltmiete von 488 Euro. Der Höchstbetrag für die zuschussfähige Miete liegt bei 434 Euro. Bei der Berechnung des Wohngelds wird demnach nur der Höchstbetrag für die zuschussfähige Miete, nämlich 434 Euro, berücksichtigt.

Fazit

Wenn die Anzahl der zu berücksichtigenden Haushaltsmitglieder, das monatliche Gesamteinkommen und die Mietenstufe der Wohnortgemeinde festgestellt worden sind, kann aus der Wohngeldtabelle abgelesen werden, wie hoch der individuelle Miet- bzw. Lastenzuschuss ist. In der Wohngeldtabelle sind die monatlichen Haushaltseinkommen und die berücksichtigungsfähigen Mieten gegenübergestellt. Liegt das Einkommen über der für die Mietenstufe geltenden Einkommensgrenze, gibt es kein Wohngeld. Die Wohngeldtabellen sind auf der Internetseite des Bundesministeriums des Innern, für Bau und Heimat www.bmi.bund.de zu finden. Selbstverständlich informieren auch die örtlichen Wohngeldstellen. Diese sind verpflichtet, Antragsteller über Rechte und Pflichten aufzuklären. Bei der Behörde sind auch alle relevanten Tabellen einzusehen.

ANTRAG UND VERFAHREN

Wohngeld wird nur auf Antrag gezahlt. Die entsprechenden Formulare gibt es bei der zuständigen Wohngeldstelle der Gemeinde-, Stadt- oder Kreisverwaltung, die auch die Bearbeitung übernimmt. Der Antrag ist von der wohngeldberechtigten Person (Mieter oder Eigentümer des selbst genutzten Wohnraums) zu stellen.

04

Bewilligung ab Antragsmonat

Wohngeld wird in der Regel erst vom Beginn des Monats an geleistet, in dem der Antrag bei der Wohngeldbehörde eingegangen ist. Für zurückliegende Zeiträume gibt es bis auf wenige Ausnahmen kein Wohngeld. Im Regelfall wird Wohngeld für zwölf Monate bewilligt. Danach muss es erneut beantragt werden.

05

LEISTUNGEN BEI ARBEITSLOSIGKEIT

Wer arbeitslos ist, bekommt Arbeitslosengeld – so einfach wie dieser Satz klingt, ist es leider nicht. Denn zum einen ist er ungenau, weil es mindestens drei Arten von Arbeitslosengeld (Arbeitslosengeld I bei Arbeitslosigkeit, Arbeitslosengeld I bei beruflicher Weiterbildung und Arbeitslosengeld II) gibt. Zum anderen beschreibt er die Ansprüche nur unvollständig, denn für manche Arbeitslose gibt es auch Leistungen, um deren Chancen auf dem Arbeitsmarkt zu verbessern. Außerdem: Nicht jeder Arbeitslose hat Anspruch auf Arbeitslosengeld.

KURZ & BÜNDIG

- **Aktive Arbeitsförderung:** Zu den staatlichen Leistungen der aktiven Arbeitsförderung gehören neben der Beratung, Vermittlung und Unterstützung insbesondere die Gewährung eines Gründungszuschusses für Selbstständige, die Gewährung von Berufsausbildungsbeihilfe und die Übernahme von Weiterbildungskosten für Arbeitslose.
- **Arbeitslosengeld:** Arbeitslosengeld erhält, wer arbeitslos ist, sich bei der Arbeitsagentur arbeitslos gemeldet hat, eine Anwartschaftszeit erfüllt hat, noch nicht die Regelaltersgrenze erreicht und einen Antrag auf Arbeitslosengeld gestellt hat.
- **Insolvenzgeld:** Wird ein Insolvenzverfahren über das Vermögen des Arbeitgebers eröffnet, haben Arbeitnehmer ab diesem Zeitpunkt (auch „Insolvenzereignis" genannt) Anspruch auf Insolvenzgeld. Es wird für den Lohn gezahlt, der für die letzten drei Monate ihres Arbeitsverhältnisses vor Eröffnung des Insolvenzverfahrens aussteht.
- **Arbeitslosengeld II:** Arbeitslosengeld II ist eine Grundsicherung für Hilfebedürftige, die arbeiten können, aber keine Arbeit finden. Gezahlt wird es an Personen, die das 15., aber noch nicht die Regelaltersgrenze erreicht haben, erwerbsfähig und hilfebedürftig sind und die ihren gewöhnlichen Aufenthalt in Deutschland haben.
- **Sozialgeld:** Sozialgeld soll das Existenzminimum von Personen sichern, die selbst nicht erwerbsfähig sind, aber mit einer erwerbsfähigen Person in einer Bedarfsgemeinschaft leben (z. B. Kinder).

LEISTUNGEN DER AKTIVEN ARBEITSFÖRDERUNG

BERATUNG, VERMITTLUNG, UNTERSTÜTZUNG

Die Agenturen für Arbeit müssen Jugendlichen und Erwachsenen, die am Arbeitsleben teilnehmen oder teilnehmen wollen, Berufsberatung anbieten (§ 29 SGB III). Die Berufsberatung umfasst die Erteilung von Auskunft und Rat zur Berufswahl, zur beruflichen Entwicklung und zum Berufswechsel, zur Lage und Entwicklung des Arbeitsmarktes und der Berufe, zu den Möglichkeiten der beruflichen Bildung, zur Ausbildungs- und Arbeitsplatzsuche sowie zu den Leistungen der Arbeitsförderung.

Vermittlung

Neben der Beratung müssen die Arbeitsagenturen auch Vermittlung anbieten (§ 35 SGB III). Unter Vermittlung sind alle Tätigkeiten zu verstehen, die darauf gerichtet sind, Arbeitssuchende, aber auch Ausbildungssuchende mit Arbeitgebern zusammenzuführen mit dem Ziel, ein Ausbildungs- oder Arbeitsverhältnis zu begründen.

Daneben gibt es insbesondere Bewerbungstraining, durch das die Selbstsuche des Arbeitslosen gefördert und weitere Kenntnisse und Fähigkeiten, die für eine erfolgreiche Vermittlung notwendig sind, vermittelt werden. Die Kosten für solche Trainingsmaßnahmen können von der Arbeitsagentur übernommen werden.

Vorsicht

Ob die Kosten von der Arbeitsagentur übernommen werden, steht in deren Ermessen. Der Einzelne hat keinen unbedingten Anspruch auf deren Übernahme, sondern nur auf pflichtgemäße Ermessensausübung.

Ebenso können Bewerbungskosten (früher bis zu einem Betrag von 260 Euro jährlich, jetzt höher) und Reisekosten im Zusammenhang mit Fahrten zur Berufsberatung, Vermittlung, Eignungsfeststellung und zu Vorstellungsgesprächen übernommen werden. Hier ist jedoch ein Antrag zu stellen, bevor die Ausgaben entstehen.

BEIHILFEN

Mobilitätshilfen

Bietet sich für den Arbeitslosen die Chance, eine Arbeit anzunehmen, können Mobilitätshilfen bezahlt werden, wenn dies zur Aufnahme der Beschäftigung notwendig ist. Dazu gehören

05

- Leistungen für den Lebensunterhalt bis zur ersten Arbeitsentgeltzahlung (Übergangsbeihilfen),
- Leistungen für Arbeitskleidung und Arbeitsgerät (Ausrüstungsbeihilfen),
- die Übernahme der Kosten für die Fahrt zum Antritt einer Arbeitsstelle (Reisekostenbeihilfe),
- die Übernahme der Kosten für die tägliche Fahrt zwischen Wohnung und Arbeitsstelle (Fahrtkostenbeihilfe),
- die Übernahme der Kosten für eine getrennte Haushaltsführung (Trennungskostenbeihilfe) sowie
- die Übernahme der Kosten für einen Umzug (Umzugskostenbeihilfe).

Das Gesetz (§§ 44 ff. SGB III) sieht hierzu vor, dass Arbeitslose „aus dem Vermittlungsbudget der Agentur für Arbeit bei der Anbahnung oder Aufnahme einer versicherungspflichtigen Beschäftigung gefördert werden (können), wenn dies für die berufliche Eingliederung notwendig ist".

GRÜNDUNGSZUSCHUSS FÜR SELBSTSTÄNDIGE

Zuschuss für sechs Monate

Will der Arbeitslose seine Arbeitslosigkeit dadurch beenden, dass er eine selbstständige Tätigkeit aufnimmt, kann er hierfür Leistungen von der Arbeitsagentur erhalten. § 93 SGB III sieht die Zahlung eines Gründungszuschusses vor. Dieser Gründungszuschuss wird für die Dauer von sechs Monaten geleistet. Der Arbeitslose kann das bisherige Arbeitslosengeld weiter beziehen, zuzüglich monatlich 300 Euro. Nach den sechs Monaten wird kein Arbeitslosengeld mehr gezahlt; es können allerdings für weitere neun Monate 300 Euro gewährt werden.

Seit 2011 ist der Anspruch auf Gründungszuschuss lediglich noch eine Ermessensleistung, das heißt, die Behörde kann, muss aber nicht zahlen. Sie kann aus guten Ermessensgründen die Leistung versagen. Daran kann auch kein Gericht etwas ändern. Das Sozialgericht kann zwar den Ablehnungsbescheid aufheben, ihn aber nicht ersetzen. Es kommt dann zu einem neuen Verwaltungsverfahren. Das ist nerven- und zeitraubend. Voraussetzung für den Erhalt des Gründungszuschusses ist, dass der Arbeitslose eine selbstständige hauptberufliche Tätigkeit ausüben will und keinen Beruf, der aufgrund eines Arbeitsvertrages ausgeübt wird.

Den Gründungszuschuss können nur Arbeitslose erhalten, die zum Zeitpunkt der Aufnahme der selbstständigen Tätigkeit noch einen Anspruch auf Arbeitslosengeld (gemeint ist das Arbeitslosengeld I nach dem SGB III, nicht das Arbeitslosengeld II nach dem SGB II) von mindestens 150 Tagen haben.

Nachweis der Tragfähigkeit

Außerdem muss der Arbeitslose der Arbeitsagentur die Tragfähigkeit der Existenzgründung nachweisen. Das kann er am besten durch eine Stellungnahme der IHK, der Handwerkskammer, einer Sparkasse, von Fachverbänden usw. Es muss sich um eine sogenannte fachkundige Stelle handeln. Schließlich muss er selbstverständlich auch die zur Ausübung der selbstständigen Tätigkeit erforderlichen Kenntnisse und Fähigkeiten haben.

Von großer Bedeutung ist, dass die Aufnahme einer selbstständigen Tätigkeit nicht erst dann beginnt, wenn z.B. der Fliesenleger die ersten Fliesen legt, sondern bereits dann, wenn er für seine zukünftige Tätigkeit Werbung macht, Werkzeug kauft, Geschäftsräume anmietet oder sein Gewerbe anmeldet. Auf den frühestmöglichen Zeitpunkt sollte abgestellt werden, um nicht Gefahr zu laufen, dass der Arbeitslose bei Aufnahme der selbstständigen Tätigkeit keinen Anspruch mehr von mindestens 150 Tagen Arbeitslosengeld besitzt.

BERUFSAUSBILDUNGSBEIHILFE

Während einer beruflichen Ausbildung können Auszubildende von der Arbeitsagentur Berufsausbildungsbeihilfe beziehen (§ 56 SGB III). Hierdurch werden der Lebensunterhalt gedeckt und die Fahrtkosten, sonstige Aufwendungen und die Lehrgangskosten übernommen, soweit dem Auszubildenden diese Mittel nicht anderweitig zur Verfügung stehen.

Tipp
Wie hoch die finanzielle Unterstützung im Einzelnen ist, kann einfach mit dem Berufsausbildungsbeihilfe-Rechner im Internet unter www.babrechner.arbeitsagentur.de ermittelt werden.

ARBEITSLOSENGELD BEI WEITERBILDUNG

Lässt sich der Arbeitslose qualifizieren, das heißt, ist er in einer beruflichen Weiterbildungsmaßnahme, kann die Arbeitsagentur die Weiterbildungskosten (§ 83 SGB III) übernehmen, wenn die Weiterbildung zur beruflichen Wiedereingliederung notwendig ist. Außerdem muss vor Beginn der Qualifizierungsmaßnahme eine Beratung durch die Agentur für Arbeit erfolgt sein und die Maßnahme selbst sowie deren Träger für die Förderung ausdrücklich zugelassen sein.

Daneben kann der Arbeitslose auch weiterhin Arbeitslosengeld beziehen. Voraussetzung ist, dass er die Voraussetzungen für einen Anspruch auf Arbeitslosengeld bei Arbeitslosigkeit (siehe Seite 84 ff.) nur deswegen nicht erfüllt, weil er sich in einer von der Arbeitsagentur geförderten beruflichen Weiterbildungsmaßnahme befindet. Die Höhe ist genauso wie beim Arbeitslosengeld bei Arbeitslosigkeit (siehe Seite 90 ff.).

LEISTUNGEN AN ARBEITSLOSE MIT BEHINDERUNG

Ist der Arbeitslose behindert, hat er Anspruch auf eine Vielzahl von Leistungen, die über die normale Förderung eines Arbeitslosen hinausgehen. Menschen mit Behinderung haben zunächst die gleichen Ansprüche wie nicht behinderte Menschen (§ 113 SGB III). Dazu gehören der Anspruch auf Beratung und Vermittlung, auf Maßnahmen zur Verbesserung der Aussichten auf Teilhabe am Arbeitsleben, die Förderung der Aufnahme einer Beschäftigung, die Förderung der Aufnahme einer selbstständigen Tätigkeit, die Förderung der Berufsausbildung sowie die Förderung der beruflichen Weiterbildung. Menschen mit Behinderung erhalten in diesem Rahmen keine zusätzlichen Leistungen. In vielen Fällen sind aber die Voraussetzungen, unter denen die Leistungen gewährt werden können, einfacher zu erfüllen.

> **Tipp**
> Wegen der komplizierten Voraussetzungen, insbesondere bei der Berechnung des Übergangsgelds, sollte auf jeden Fall der Kontakt zur Arbeitsagentur gesucht werden.

Zu den „besonderen Leistungen", die nur Menschen mit Behinderung beanspruchen können, gehören u. a. Ausbildungsgeld und Übergangsgeld (§ 118 SGB III). Die Höhe des Übergangsgelds ergibt sich aus dem SGB IX (siehe § 46). Das Übergangsgeld beträgt 75 Prozent von 80 Prozent des regelmäßig erzielten Arbeitsentgelts bzw. Nettoentgelts, wenn der arbeitslose Behinderte mindestens ein Kind hat. In den übrigen Fällen beträgt das Übergangsgeld 68 Prozent.

LEISTUNGEN DER PASSIVEN ARBEITSFÖRDERUNG

ARBEITSLOSENGELD BEI ARBEITSLOSIGKEIT

Nach § 137 SGB III hat Anspruch auf Arbeitslosengeld bei Arbeitslosigkeit jede Person, die

- arbeitslos ist,
- sich bei der Arbeitsagentur arbeitslos gemeldet hat,
- eine Anwartschaftszeit erfüllt hat,
- noch nicht die Regelaltersgrenze (2019: 65 Jahre und acht Monate) überschritten hat und gegebenenfalls
- einen Antrag auf Arbeitslosengeld gestellt hat.

Ein besonderer Antrag muss nicht gestellt werden, er „steckt" in der Arbeitslosmeldung, es sei denn, der Arbeitslose will beispielsweise das Arbeitslosengeld erst später (und deswegen länger) erhalten (siehe Seite 89) und deshalb bei seiner Arbeitslosmeldung noch keinen Antrag stellen.

Nach dem Gesetz (§ 138 SGB III) ist ein Arbeitnehmer arbeitslos, wenn er nicht nur nicht in einem Beschäftigungsverhältnis steht, das heißt, beschäftigungslos ist, sondern er muss sich zusätzlich bemühen, seine Beschäftigungslosigkeit zu beenden, das heißt, Eigenbemühungen zur Arbeitssuche unternehmen, sowie den Vermittlungsbemühungen der Agentur für Arbeit zur Verfügung stehen, das heißt verfügbar sein (siehe unten).

MITWIRKUNGSPFLICHTEN

Die Arbeitsagentur (und auch alle anderen Beitragszahler) erwarten von dem Arbeitslosen, dass er alle Möglichkeiten zur beruflichen Eingliederung in den Arbeitsmarkt nutzt und dazu insbesondere die Selbstinformationseinrichtungen der Agentur für Arbeit in Anspruch nimmt. Er sollte sich nicht nur durch die Arbeitsagentur, sondern auch durch Dritte vermitteln lassen und bestimmte Verpflichtungen aus einer Eingliederungsvereinbarung, die er mit der Arbeitsagentur geschlossen hat, wahrnehmen.

Eingliederungsvereinbarung

In der sogenannten Eingliederungsvereinbarung (§ 37 Abs. 2 SGB III), die regelmäßig zwischen einem Arbeitslosen und der Arbeitsagentur abgeschlossen wird, muss sich der Arbeitslose häufig verpflichten, innerhalb einer bestimmten Zeit (z. B. innerhalb von zwei Monaten) mehrere Bewerbungen (z. B. 20 bis 30) bei bestimmten Arbeitgebern zu starten. Je nachdem, wie unerfahren der Arbeitslose ist, muss ihn die Arbeitsagentur auch konkret beraten, wie und bei wem er sich zu bewerben hat.

Verfügbarkeit

Der gesetzliche Begriff der Arbeitslosigkeit umfasst auch die sogenannte Verfügbarkeit.Die Verfügbarkeit ist nur dann gegeben, wenn der Arbeitslose eine versicherungspflichtige, mindestens

Vorsicht

Unter 15 Stunden darf der Arbeitslose seine Verfügbarkeit allerdings nicht einschränken. Dann ist er nicht mehr verfügbar im Sinn des Gesetzes und damit nicht mehr arbeitslos, und er erhält überhaupt kein Arbeitslosengeld.

15 Stunden wöchentlich umfassende zumutbare Beschäftigung unter den üblichen Bedingungen des für ihn in Betracht kommenden Arbeitsmarktes ausüben kann und darf.

Zumutbarkeit

Stellen, die dem Arbeitslosen von der Arbeitsagentur angeboten werden, müssen für ihn auch zumutbar sein. Zumutbar sind nach § 140 SGB III alle Stellen, die nicht gegen gesetzliche, tarifliche oder in Betriebsvereinbarungen festgelegte Bestimmungen über Arbeitsbedingungen oder gegen Bestimmungen des Arbeitsschutzes verstoßen.

Abschläge

Darüber hinaus braucht der Arbeitslose eine angebotene Stelle nicht anzunehmen, wenn das daraus erzielbare Nettoeinkommen niedriger ist als das Arbeitslosengeld. Dies gilt allerdings erst vom siebten Monat der Arbeitslosigkeit an. Vorher muss er lediglich Abschläge von 20 Prozent seines vorherigen Arbeitsentgelts für die ersten drei Monate und 30 Prozent für die folgenden drei Monate der Arbeitslosigkeit hinnehmen.

Das gilt auch, wenn er täglich mehr als zweieinhalb Stunden (hin und zurück) unterwegs wäre, um seine Arbeitsstelle zu erreichen bzw. von der Arbeitsstelle nach Hause zu kommen. Arbeitslosen wird eine Pendelzeit von zweieinhalb Stunden bei einer vollschichtigen Tätigkeit (mehr als sechs Stunden) und eine Pendelzeit von bis zu zwei Stunden bei einer Arbeitszeit von sechs Stunden und weniger zugemutet.

Der Arbeitslose darf eine ihm angebotene Stelle nicht schon deswegen ablehnen, weil sie befristet ist, vorübergehend eine getrennte Haushaltsführung erfordert oder nicht zu dem Kreis der Beschäftigungen gehört, für die er ausgebildet ist oder die er bisher ausgeübt hat.

Erreichbarkeit

Um Arbeitslosengeld zu erhalten, muss der Arbeitslose außerdem für die Arbeitsagentur täglich unter seiner Postanschrift

Persönlicher Erreichbarkeit

persönlich erreichbar sein. Allerdings mutet man dem Arbeitslosen nicht zu, dass er den ganzen Tag wartet, ob sich die Arbeitsagentur meldet und ein Stellenangebot macht oder ihn zu einer Vorstellung einlädt. Einmal am Tag (außer an Sonn- und Feiertagen!) muss er sich allerdings in seiner Wohnung aufhalten und in den Briefkasten schauen, ob Post von der Arbeitsagentur angekommen ist.

05

Kein Arbeitslosengeld gibt es, wenn sich der Arbeitslose nicht unter seiner Adresse aufhält. Will er sich im Nahbereich der Arbeitsagentur aufhalten (z. B. in einer benachbarten Stadt oder in allen Städten, die an den Bezirk der Arbeitsagentur angrenzen und von denen aus er die Arbeitsagentur in ca. 1 bis 1 ¼ Stunden erreichen kann), muss er dies der Arbeitsagentur sofort mitteilen, wenn sein Aufenthalt länger als einen Tag dauern sollte. Will der Arbeitslose den Nahbereich verlassen, kann er dies ohne Probleme. Er muss dies allerdings der Arbeitsagentur mitteilen und einen Antrag auf „Urlaub" stellen. Nach dem Gesetz können drei Wochen „Urlaub" pro Jahr zustehen.

Tipp

Eine kaum bekannte Regelung enthält Artikel 64 der Verordnung (EG) Nr. 883/2004. Danach kann ein Arbeitsloser in der EU in jedes Mitgliedsland der EU gehen und dort Arbeit suchen. Seinen Anspruch auf Arbeitslosengeld kann er für drei Monate mitnehmen.

Der Arbeitslose darf nicht bloß einen Nachsendeauftrag bei der Post stellen oder jemanden beauftragen, nach seiner Post zu schauen. Außerdem muss der Arbeitslose bereit sein, jede Beschäftigung, aber auch jede Eingliederungsmaßnahme in das Erwerbsleben anzunehmen.

Persönliche Meldung

Nach § 141 SGB III hat sich der Arbeitslose persönlich bei der zuständigen Agentur für Arbeit arbeitslos zu melden, damit er Arbeitslosengeld bekommt. Zuständig ist die Arbeitsagentur, in deren Bezirk der Arbeitnehmer bei Eintritt der Arbeitslosigkeit seinen Wohnsitz oder gewöhnlichen Aufenthalt hat. Wenn der Arbeitnehmer von dem Eintritt der Arbeitslosigkeit überrascht wird und sich nicht an seinem Wohnort aufhält, kann er sich auch bei jeder anderen Arbeitsagentur melden, damit er keinen Tag des Arbeitslosengelds verliert. Die nicht zuständige Arbeitsagentur wird seinen Antrag an die zuständige Arbeitsagentur übermitteln. Bei dieser muss er sich allerdings dann am nächsten Tag melden.

Vorsicht

Nimmt der Arbeitslose irgendeine Beschäftigung auf, und sei es nur, dass er in der Familie mithilft, erlischt die Wirkung der Meldung, wenn er dies der Arbeitsagentur nicht unverzüglich mitteilt. Das bedeutet, dass er ab dem gleichen Zeitpunkt eine „Schwarzarbeit" verrichtet und keinen Anspruch auf Arbeitslosengeld mehr hat. Möglicherweise muss er das gesamte Arbeitslosengeld, das er nach der Aufnahme der „Schwarzarbeit" erhält, später zurückzahlen.

Der Arbeitslose braucht nicht zu warten, bis die Arbeitslosigkeit eingetreten ist. Er kann seine Arbeitslosmeldung auch schon drei Monate vor ihrem Eintritt der Arbeitsagentur melden, wenn er bereits zu diesem Zeitpunkt davon erfahren hat.

ANWARTSCHAFTSZEIT

Das Gesetz (§ 142 SGB III) bestimmt, dass nicht jeder sofort Arbeitslosengeld erhalten darf. Vielmehr muss er vorher bereits eine gewisse Zeit als Arbeitnehmer beschäftigt gewesen sein. Es ist nicht erforderlich, dass Beiträge zur Sozialversicherung entrichtet worden sind! Durch die Beschäftigung oder einen anderen Umstand (siehe unten) kann man eine sogenannte Anwartschaft auf das Arbeitslosengeld erwerben.

Voraussetzung dafür ist, dass man innerhalb von zwei Jahren – gerechnet ab dem Zeitpunkt der Arbeitslosigkeit bzw. der Erfüllung aller sonstigen Voraussetzungen für den Anspruch auf Arbeitslosengeld – mindestens zwölf Monate gearbeitet oder in einem sonstigen „Versicherungspflichtverhältnis" gestanden hat.

Rahmenfrist

Anstelle einer Beschäftigung kann man die erforderlichen zwölf Monate auch durch den Bezug von Krankengeld, Verletztengeld, Übergangsgeld, Krankentagegeld oder einer Rente wegen voller Erwerbsminderung erfüllen, sofern unmittelbar vorher Versicherungspflicht z. B. wegen Berufstätigkeit bestand oder Arbeitslosengeld bezogen wurde. Das Gleiche gilt für Arbeitslose, die ein Kind bis zum dritten Lebensjahr erzogen haben.

Die Zweijahresfrist (Rahmenfrist) kann aber auch kürzer sein. Dies ist immer dann gegeben, wenn sie in eine sonstige Rahmenfrist hineinreichen würde, in der der Arbeitslose eine Anwartschaftszeit erfüllt hatte.

ANTRAG

Lebensalter entscheidend

Grundsätzlich muss der Arbeitslose keinen besonderen Antrag auf Arbeitslosengeld stellen, wenn er sich persönlich arbeitslos meldet. In manchen Fällen kann es aber sinnvoll sein, sich zwar persönlich arbeitslos zu melden, gleichzeitig aber zu erklären, dass Arbeitslosengeld noch nicht beantragt wird. Dies ist z. B. in allen Fällen zweckmäßig, in denen der Arbeitslose kurz vor der Vollendung des 50., 55. oder 58. Lebensjahres steht, weil sich die Dauer des Arbeitslosengelds in aller Regel ab diesen Geburtsdaten erheblich verlängert.

BEZUGSDAUER

Anspruch auf Arbeitslosengeld gibt es für die Dauer von höchstens 24 Monaten – wie lange im Einzelnen geleistet wird, hängt davon ab, wie viele Monate der Arbeitslose vorher gearbeitet hat und wie alt der Betroffene ist. 50-Jährige müssen mindestens 30 Monate, 55-Jährige mindestens 36 Monate und 58-Jährige mindestens 48 Monate gearbeitet oder in einem anerkannten „Versicherungspflichtverhältnis" gestanden haben.

Ein Arbeitsloser, der noch keine 50 Jahre alt ist, kann höchstens zwölf Monate Arbeitslosengeld beziehen – unter der Voraussetzung, dass er mindestens 24 Monate eine versicherungspflichtige Beschäftigung ausgeübt hat. Die höheren Bezugsdauern von 15, 18 und 24 Monaten setzen neben einer höheren Dauer des Versicherungspflichtverhältnisses auch die Vollendung des 50., 55. und 58. Lebensjahres voraus.

KURZE ANWARTSCHAFTEN

Befristete Arbeitsverträge

Unter bestimmten Voraussetzungen kann bei Beschäftigungslosen, die eine Anwartschaftszeit auf Arbeitslosengeld nicht durch eine Beschäftigungszeit von einem Jahr innerhalb der letzten zwei Jahre erwerben können, eine Beschäftigungszeit oder gleichgestellte Zeit von lediglich sechs Monaten genügen, um eine Anwartschaftszeit zurückzulegen. Dafür ist Voraussetzung, dass die in den letzten zwei Jahren zurückgelegten Beschäftigungstage überwiegend auf Beschäftigungen entfallen, die auf nicht mehr als zehn Wochen im Voraus durch Arbeitsvertrag zeit- oder zweckbefristet waren. Das Arbeitsentgelt während der Beschäftigungszeit der letzten zwölf Monate darf 37.380 Euro in West- und 34.440 Euro in Ostdeutschland nicht übersteigen (Zahlen für 2019).

Hat der Arbeitslose eine Beschäftigung oder gleichgestellte Zeit von mindestens sechs Monaten zurückgelegt, kann er einen Anspruch auf Arbeitslosengeld von drei Monaten, bei einer Zeit von acht Monaten vier Monate und bei zehn Monaten dann fünf Monate Arbeitslosengeld geltend machen.

HÖHE DES ARBEITSLOSENGELDS

Die Höhe des Arbeitslosengelds hängt maßgeblich vom Familienstand des Arbeitslosen, von seiner Steuerklasse und seinem vorher bezogenen Arbeitsentgelt ab. Es wird ein bestimmter Prozentsatz des Nettoarbeitsentgelts ermittelt. Dazu wird das Bruttoarbeitsentgelt um pauschalierte Abzüge verringert; individuelle Abzüge des Arbeitslosen werden nicht berücksichtigt.

Pauschaliertes Nettoentgelt

67 Prozent erhalten Arbeitslose, die mindestens ein Kind haben bzw. Arbeitslose, deren Ehegatte oder Lebenspartner mindestens ein Kind hat. Für die übrigen Arbeitslosen errechnet sich das Arbeitslosengeld aus 60 Prozent des pauschalierten Nettoentgelts.

Vom Bruttoentgelt werden 21 Prozent Sozialversicherungspauschale, die Lohnsteuer nach der Lohnsteuertabelle sowie der Solidaritätszuschlag abgezogen. Freibeträge und Pauschalen, die nicht jedem Arbeitnehmer zustehen, werden nicht berücksichtigt. Zugrunde gelegt wird das im letzten Jahr vor Eintritt der Arbeitslosigkeit verdiente Entgelt. Allerdings bleiben Arbeitsentgelte außer Betracht:

- die der Arbeitslose wegen der Beendigung des Arbeitsverhältnisses erhält oder die im Hinblick auf die Arbeitslosigkeit vereinbart worden sind (Abfindungen)
- die als Wertguthaben nach dem Altersteilzeitgesetz nicht gemäß einer Vereinbarung über flexible Arbeitszeitregelungen verwendet werden.

Vorsicht

Kein Arbeitslosengeld wird gezahlt, wenn der Arbeitslose eine Beschäftigung von 15 Stunden wöchentlich und mehr ausübt. Betragen die Stunden der Nebenbeschäftigung jedoch weniger als 15 Stunden und seien es nur 14,5 Stunden, so bekommt der Arbeitslose zwar Arbeitslosengeld, muss sich aber einen Teil seines Verdienstes auf das Arbeitslosengeld anrechnen lassen.

Bezieht der Arbeitslose Krankengeld, Versorgungskrankengeld, Verletztengeld, Mutterschaftsgeld oder Übergangsgeld sowie Berufsausbildungsbeihilfe für Arbeitslose, Rente wegen voller Erwerbsminderung oder Altersrente aus der gesetzlichen Rentenversicherung oder Ähnliches, dann ruht der Anspruch auf Arbeitslosengeld, das heißt, es wird kein Arbeitslosengeld gezahlt.

Das Gleiche gilt, wenn er Arbeitsentgelt erhält oder beanspruchen kann. Auch wenn der Arbeitslose wegen Beendigung des Arbeitsverhältnisses eine Urlaubsabgeltung erhält oder zu beanspruchen hat, ruht der Anspruch, das heißt, er bekommt kein Arbeitslosengeld. Allerdings wird Arbeitslosengeld auch gezahlt, wenn der Antragsteller zwar noch in einem Arbeitsverhältnis steht, der Arbeitgeber aber das Arbeitsentgelt oder eine Urlaubsabgeltung nicht zahlt (§ 157 Abs. 3 SGB III).

Auch der Arbeitslose, der sich als Arbeitnehmer versicherungswidrig verhalten hat, ohne hierfür einen wichtigen Grund zu haben, erhält für eine bestimmte Zeit kein Arbeitslosengeld. In diesen Fällen wird häufig eine Sperrzeit festgesetzt.

Sperrzeiten gibt es nach § 159 SGB III bei einer unberechtigten Arbeitsaufgabe, Arbeitsablehnung, unzureichenden Eigenbemühungen, Ablehnung oder Abbruch einer beruflichen Eingliederungsmaßnahme, Meldeversäumnissen und verspäteter Arbeitsuchendmeldung. Eine besonders belastende Sperrzeit wird bei der unberechtigten Aufgabe der Arbeitsstelle festgestellt. Hier wird für zwölf Wochen kein Arbeitslosengeld gezahlt. In den anderen Fällen des § 159 SGB III liegt die Sperrzeit zwischen sechs Wochen und einer Woche. Dies setzt allerdings voraus, dass der Arbeitslose das Beschäftigungsverhältnis selbst gelöst oder durch ein arbeitsvertragswidriges Verhalten dazu Anlass gegeben bzw. dass er mit dem Arbeitgeber einvernehmlich einen Aufhebungsvertrag geschlossen hat und die Arbeitslosigkeit hierdurch vorsätzlich oder grob fahrlässig ohne wichtigen Grund herbeigeführt worden ist.

TEILARBEITSLOSENGELD

Mehrere Beschäftigungen

Ein Arbeitsloser, der mehrere versicherungspflichtige Beschäftigungen – das heißt mehr als geringfügig (über 450 Euro) – nebeneinander ausgeübt hat und eine (oder mehrere hiervon) verliert, aber trotzdem weiterhin in mindestens einer Beschäftigung versicherungspflichtig beschäftigt ist, kann wegen der eingetretenen „Teilarbeitslosigkeit" ein Teilarbeitslosengeld beziehen. Die Voraussetzungen für die Gewährung von Teilarbeitslosengeld entsprechen denen für das Arbeitslosengeld (siehe oben).

Anspruch auf Teilarbeitslosengeld besteht lediglich für sechs Monate. Die Höhe des Teilarbeitslosengelds wird – allerdings nur bezogen auf die Nebentätigkeit – dadurch berechnet, dass bei der Feststellung der Lohnsteuer die Lohnsteuerklasse maßgeblich ist, die auf der Lohnsteuerkarte für das Beschäftigungsverhältnis, das den Anspruch auf Teilarbeitslosengeld begründet (das heißt, dass der Antragsteller verloren hat), zuletzt eingetragen war.

INSOLVENZGELD

Wenn ein Arbeitgeber insolvent geworden ist (früher „Konkurs gemacht hat"), haben seine Arbeitnehmer Anspruch auf Insolvenzgeld (§ 165 SGB III) von der Arbeitsagentur, wenn ihnen für die vorausgehenden drei Monate des Arbeitsverhältnisses noch Ansprüche auf Arbeitsentgelt zustehen, sie das Geld aber nicht erhalten haben. Allerdings muss dazu das Insolvenzverfahren über das Vermögen des Arbeitgebers eröffnet (Beschluss des Amtsgerichts) oder der Antrag auf Eröffnung des Insolvenzverfahrens muss mangels Masse vom Amtsgericht abgewiesen worden sein. Das Gleiche gilt, wenn die Betriebstätigkeit im Inland vollständig beendet und ein Antrag auf Eröffnung des Insolvenzverfahrens nicht gestellt worden ist und ein Insolvenzverfahren offensichtlich mangels Masse nicht in Betracht kommt.

Tipp

Arbeitnehmer können die noch ausstehenden Löhne für die vorausgehenden drei Monate des Arbeitsverhältnisses allerdings auch geltend machen, wenn das Arbeitsverhältnis bei Eröffnung des Insolvenzverfahrens bzw. der Abweisung des Antrags oder der vollständigen Beendigung der Betriebstätigkeit schon längst beendet worden war.

05

A hat aus einem am 1. Juni 2018 beendeten Arbeitsverhältnis mit B noch fünf Monate Arbeitslohn zu bekommen. Am 1. April 2019 wird der Antrag auf Eröffnung des Insolvenzverfahrens vom Amtsgericht abgewiesen. Für die Monate März bis Mai 2018 kann A Insolvenzgeld beantragen.

Beitragsbemessungsgrenze

Das Insolvenzgeld wird in der Höhe des Nettoarbeitsentgelts geleistet, das sich ergibt, wenn das auf die monatliche Beitragsbemessungsgrenze (2019: 6.700 Euro in den alten und 6.150 Euro in den neuen Bundesländern) begrenzte Bruttoarbeitsentgelt um die gesetzlichen Abzüge vermindert wird. Dies hat für den Arbeitnehmer keine Lohneinbuße zur Folge, es sei denn, er verdient mehr als die Beitragsbemessungsgrenze in der Arbeitslosenversicherung beträgt.

VERMITTLUNGSGUTSCHEIN ALS ÜBERGANGSLEISTUNG

Hat ein Arbeitnehmer Anspruch auf Arbeitslosengeld (siehe oben) und ist er nach einer Arbeitslosigkeit von sechs Wochen innerhalb einer Frist von drei Monaten noch nicht vermittelt worden, so hat er (nach § 45 Abs. 4 SGB III) Anspruch auf einen Vermittlungsgutschein.

Arbeitszeit

Mit dem Vermittlungsgutschein verpflichtet sich die Arbeitsagentur, einen vom Arbeitnehmer eingeschalteten Vermittler zu entlohnen, wenn er diesen in eine sozialversicherungspflichtige Beschäftigung mit einer Arbeitszeit von mindestens 15 Stunden wöchentlich vermittelt hat.

Höhe

Der Vermittlungsgutschein wird über 2.000 Euro ausgestellt. Die Vergütung wird in Höhe von 1.000 Euro nach einem sechswöchigen, der Rest nach einem sechsmonatigen Beschäftigungsverhältnis gezahlt. Bei Langzeitarbeitslosen und behinderten Menschen kann der Vermittlungsgutschein bis zu einer Höhe von 2.500 Euro ausgestellt werden.

ARBEITSLOSENGELD II UND ANDERE GRUNDSICHERUNGSLEISTUNGEN

Arbeitslosengeld II wird – anders als das Arbeitslosengeld I – selbst dann gezahlt, wenn der Betroffene noch nie gearbeitet hat. Grundsätzlich wird Arbeitslosengeld II nicht durch die Arbeitsagentur, sondern durch das Jobcenter oder die Gemeinde selbst gezahlt. Durch Arbeitslosengeld II sollen alle diejenigen unterstützt werden, die ihr Existenzminimum nicht sichern können. Die Bandbreite, wer Arbeitslosengeld II beziehen kann, ist daher groß.

05

Arbeitslosengeld II können nur Personen erhalten, die

- das 15., aber noch nicht die Regelaltersgrenze (2019: 65 Jahre und acht Monate) vollendet haben,
- erwerbsfähig sind,
- hilfebedürftig sind und
- ihren gewöhnlichen Aufenthalt in der Bundesrepublik Deutschland haben (§ 7 Abs. 1 SGB II).

Leistungsberechtigte

Diese Personen nennt der Gesetzgeber „Leistungsberechtigte". Die Leistungen nach dem Zweiten Buch Sozialgesetzbuch (SGB II) werden grundsätzlich nur auf Antrag erbracht. Nach § 8 SGB II ist erwerbsfähig, wer nicht wegen Krankheit oder Behinderung auf absehbare Zeit (darunter versteht man im Allgemeinen einen Zeitraum von sechs Monaten und mehr) außerstande ist, unter den üblichen Bedingungen des allgemeinen Arbeitsmarktes mindestens drei Stunden täglich erwerbstätig zu sein.

Arbeitslosengeld II bekommt nur, wer hilfebedürftig ist, das heißt, wer seinen Lebensunterhalt, seine Eingliederung in Arbeit und den Lebensunterhalt der mit ihm in einer Bedarfsgemeinschaft lebenden Personen nicht oder nicht ausreichend aus eigenen Kräften und Mitteln, vor allem nicht durch Aufnahme einer zumutbaren Arbeit, aus Einkommen oder Vermögen oder durch die Hilfe von Angehörigen sichern kann.

Grundsätzlich muss der Antragsteller eine Arbeit aufnehmen, wenn er sie bekommen kann. Er muss jede Arbeit annehmen, zu der er körperlich, geistig oder seelisch in der Lage ist.

Vorsicht

Eine Arbeit darf nicht allein deshalb abgelehnt werden, weil sie nicht auf der gleichen Qualifikationsstufe wie die frühere berufliche Tätigkeit steht, für die der Hilfebedürftige ausgebildet ist oder die er ausgeübt hat. Das Gleiche gilt, wenn der Beschäftigungsort vom Wohnort des erwerbsfähigen Hilfebedürftigen weiter entfernt ist als sein früherer Beschäftigungs- oder Ausbildungsort oder die Arbeitsbedingungen ungünstiger sind als bei den bisherigen Beschäftigungen.

EINKOMMEN

Hilfebedürftig ist niemand, der seine Existenz bzw. die seiner Familie durch eigenes Einkommen sichern kann. Dabei sind als Einkommen alle Einnahmen zu berücksichtigen. Ausgenommen davon sind nur sehr wenige Einkünfte (wie z. B. Leistungen nach dem SGB II). Nicht als Einkommen zählen z.B. Einnahmen von nicht mehr als 10 Euro pro Monat oder Geldgeschenke anlässlich einer Kommunion oder Konfirmation bzw. einem entsprechenden Fest bis zur Höhe von 3.100 Euro usw.

Allerdings sind vom Bruttoeinkommen abzuziehen:

- Steuern,
- Sozialversicherungsabgaben,
- Aufwendungen zur Erfüllung gesetzlicher Unterhaltsverpflichtungen, soweit diese in einem Unterhaltstitel oder einer notariellen Unterhaltsvereinbarung aufgeführt sind sowie
- bei Bezügen aus einer Tätigkeit ein Freibetrag von 100 bis 400 Euro und zusätzlich ein Anrechnungsbetrag von 100 Euro monatlich sowie 20 Prozent des Betrags zwischen 100 und 1.000 Euro (160 Euro) und von 1.000 bis 1.200 (bzw. 1.500 Euro, wenn der Hilfebedürftige ein Kind hat) in Höhe von 10 Prozent (20 bzw. 50 Euro),
- Einkommen aus ehrenamtlicher Tätigkeit bis 200 Euro.

Vorsicht

Wenn dem Hilfebedürftigen ein Betrag von 6.000 Euro aus einer Erbschaft zufließt, kann das Jobcenter monatlich 1.000 Euro auf das Arbeitslosengeld II anrechnen. Ist das Arbeitslosengeld II geringer als dieser Betrag, fällt die Leistung völlig weg. In diesem Fall ist der Hilfebedürftige auch nicht mehr kranken- oder pflegeversichert. Entgehen kann der Hilfebedürftige der Anrechnung nur, wenn er vorher weiß, dass ihm die Summe überwiesen wird und er sich mindestens einen Monat vor der Überweisung beim Jobcenter aus dem Leistungsbezug abmeldet. Er kann der Anrechnung auch entgehen, wenn die Überweisung der Summe zwar während des Leistungsbezugs erfolgt, der Hilfebedürftige aber in der Lage ist, sich auch ohne diese Summe mindestens einen Monat lang zu unterhalten, das heißt, seine Hilfebedürftigkeit muss mindestens einen Monat lang – ohne Berücksichtigung der ihm zugeflossenen Summe – entfallen. Das ist beispielsweise möglich, wenn er eine Arbeit findet, deren Lohn oberhalb seines Bedarfs liegt.

Eine besonders belastende Vorschrift findet sich in § 11 Abs. 3 SGB II. Nach dieser Vorschrift sind einmalige Einnahmen (z.B. Einkommensteuererstattungen oder Abfindungen aus einem arbeitsgerichtlichen Vergleich, eine Erbschaft usw.) auf einen Zeitraum von sechs Monaten aufzuteilen und monatlich mit einem entsprechenden Teilbetrag auf das Arbeitslosengeld II anzurechnen.

VERMÖGEN

05

Grundfreibetrag

Selbstverständlich erhält niemand Arbeitslosengeld II, der über ein größeres Vermögen verfügt. Was ein größeres Vermögen ist, definiert § 12 SGB II. Danach können vom Vermögen zunächst ein Grundfreibetrag in Höhe von 150 Euro je vollendetem Lebensjahr des volljährigen Hilfebedürftigen und seines Partners abgesetzt werden.

Der 50-jährige A hätte also einen Grundfreibetrag in Höhe von 7.500 Euro. Wenn er verheiratet ist oder in einer Partnerschaft lebt und seine Partnerin gleichaltrig ist, kämen noch einmal 7.500 Euro Freibetrag dazu. Für jedes Kind besteht ein weiterer Grundfreibetrag in Höhe von 3.100 Euro, sofern es hilfebedürftig und minderjährig ist. Wichtig ist, dass jeder seinen eigenen Freibetrag für sein Vermögen hat und nicht alle zusammengerechnet werden.

Altersvorsorgebeträge

Hat der Leistungsbezieher Altersvorsorgebeträge aufgewendet und daraus Ansprüche, wird zunächst ein Freibetrag von 750 Euro für jedes Lebensjahr angesetzt.

Der 50-jährige A könnte 37.500 Euro aus der allgemeinen Altersvorsorge (falls er nicht zusätzlich eine Riester-Rente hat) anrechnungsfrei besitzen, seine gleichalterige Partnerin ebenfalls 37.500 Euro. Schließlich kommt dazu noch ein Freibetrag für notwendige Anschaffungen in Höhe von 750 Euro für jeden in der Bedarfsgemeinschaft lebenden Hilfebedürftigen.

Würde A also mit seiner Frau und einem Sohn leben, könnte er (unabhängig von der gesondert zu berechnenden Riester-Rente) einen Grundfreibetrag in Höhe von 15.000 Euro, den Grundfreibetrag für das Kind in Höhe von 3.100 Euro, die Altersvorsorgebeträge in Höhe von zusammen 75.000 Euro sowie den Freibetrag für notwendige Anschaffungen für drei Personen in Höhe von 2.250 Euro anrechnungsfrei geltend machen, das sind insgesamt 95.350 Euro.

Vermögensgegenstände

Daneben dürfen Antragsteller auch bestimmte Vermögensgegenstände behalten: Dazu gehören der angemessene Hausrat, ein angemessenes Kraftfahrzeug im Wert von 7.500 Euro, ein selbst genutztes Hausgrundstück in angemessener Größe oder eine entsprechende Eigentumswohnung. Angemessen ist eine Eigentumswohnung bzw. ein Haus dann, wenn die Wohnfläche z. B. bei vier Personen 120 bzw. 130 m² bzw. für zwei Personen 80 m² (das gilt auch für eine Person) nicht überschreitet.

Auch Vermögen, das nachweislich zur baldigen Beschaffung oder Erhaltung eines Hausgrundstücks bestimmt ist, kann der Antragsteller behalten, wenn dies zu Wohnzwecken behinderter oder pflegebedürftiger Menschen dient oder dienen soll.

Immobilien

Immobilienbesitz etwa in einer Erbengemeinschaft lässt sich nicht ohne Weiteres verwerten. Das Bundessozialgericht hat in mehreren Urteilen darauf hingewiesen, dass den Hilfebedürftigen ein Zuschuss und kein Darlehen zu gewähren ist, wenn die Verwertung nicht innerhalb des Bewilligungszeitraums von sechs Monaten für das Arbeitslosengeld II erfolgen kann. Solange darf der Vermögensgegenstand auf das Arbeitslosengeld II nicht angerechnet werden.

HÖHE DES ARBEITSLOSENGELDS II

- Der erwerbsfähige Hilfebedürftige, der allein lebt, erhält 424 Euro.
- Der Erwerbsfähige, der mit einem volljährigen Partner zusammenlebt, erhält – genauso wie der Partner – 90 Prozent des Regelsatzes, das sind je 382 Euro.
- Kinder bis zur Vollendung des 6. Lebensjahres erhalten 245 Euro.
- Kinder vom 7. bis unter dem 14. Lebensjahr erhalten 302 Euro, Kinder vom 14. bis zum 18. Lebensjahr 322 Euro.
- Volljährige, aber unter 25-Jährige erhalten 339 Euro.
- 80 Prozent des Regelsatzes erhalten auch die sonstigen erwerbsfähigen Angehörigen der Bedarfsgemeinschaft.

BESONDERHEITEN IN DER BEDARFSGEMEINSCHAFT

Besondere Regeln gelten in einer Bedarfsgemeinschaft (§ 7 Abs. 3 SGB II).

05

- Zur Bedarfsgemeinschaft gehören – neben dem erwerbsfähigen Hilfebedürftigen – die im Haushalt lebenden Eltern bzw. der Elternteil eines unverheirateten erwerbsfähigen Kindes, das das 25. Lebensjahr noch nicht vollendet hat, und der im Haushalt lebende Partner dieses Elternteils.
- Als Partner des erwerbsfähigen Hilfebedürftigen gelten sein nicht dauernd von ihm getrennt lebender Ehegatte, Lebenspartner einer eingetragenen Lebenspartnerschaft oder sein Lebensgefährte. Unter einem Lebensgefährten versteht man eine Person, die mit dem erwerbsfähigen Hilfebedürftigen in einem gemeinsamen Haushalt zusammenlebt, und zwar derart, dass anzunehmen ist, dass sie wie in einer Ehe Verantwortung füreinander tragen und füreinander einstehen wollen.

Ehegatte, Lebensgefährte

- Außerdem gehören zur Bedarfsgemeinschaft die dem Haushalt angehörenden unverheirateten Kinder der vorgenannten Personen, wenn sie das 25. Lebensjahr noch nicht vollendet haben, soweit sie die Leistungen zur Sicherung ihres Lebensunterhalts nicht aus eigenem Einkommen oder Vermögen bestreiten können.

Unverheiratete Kinder

Liegt eine Bedarfsgemeinschaft vor, erhalten auch die Personen, die mit erwerbsfähigen Hilfebedürftigen in einer Bedarfsgemeinschaft leben, Leistungen nach dem SGB II. Andererseits sind bei Personen, die in einer Bedarfsgemeinschaft leben, Einkommen und Vermögen des Partners zu berücksichtigen.

Einstandsgemeinschaft

Besondere Schwierigkeiten bereitet die Feststellung, ob jemand mit einem Lebensgefährten in einer sogenannten Einstandsgemeinschaft zusammenlebt. Das bedeutet, dass Einkommen und Vermögen des einen zum Teil dem anderen angerechnet werden. Das führt häufig zu der vom Hilfebedürftigen unerwünschten Folge, dass der eigentlich Bedürftige kein Arbeitslosengeld II bekommt.

Gesetzliche Vermutung

Eine Einstandsgemeinschaft ist nach dem Gesetz dann zu vermuten, wenn die Partner länger als ein Jahr oder mit einem gemeinsamen Kind zusammenleben oder Kinder oder Angehörige im Haushalt versorgen oder befugt sind, über Einkommen oder Vermögen des anderen zu verfügen (§ 7 Abs. 3a SGB II). Auch andere Umstände können bei der Prüfung, ob es sich um eine Einstandsgemeinschaft handelt, herangezogen werden. So z. B. gemeinsame Umzüge, Bezeichnung des anderen als Partner, gemeinsames Konto usw.

Wenn das Gesetz von einer „Vermutung" spricht, heißt das nicht, dass davon auch tatsächlich ausgegangen werden muss. Vielmehr kann eine Vermutung durch andere Umstände auch widerlegt werden.

A und B wohnen seit Jahren zusammen. Sie haben aber getrennte Kassen und gehen auch sonst häufig getrennte Wege, das heißt, sie haben unterschiedliche Bekannte usw. In diesem Fall ist die vom Gesetz aufgestellte Vermutung erschüttert und führt nicht zur Zahlungspflicht füreinander.

Vorsicht

Wenn Behörde oder Sozialgericht nach den Ermittlungen nicht wissen, ob eine Einstandsgemeinschaft vorliegt oder nicht, geht das zulasten des Antragstellers, da er die Beweislast trägt. Deshalb ist es, wenn man davon ausgeht, dass man nicht in einer Einstandsgemeinschaft lebt, ratsam, die Umstände, unter denen man lebt, so ausführlich wie möglich darzulegen.

Eine Prognose, wie die Behörde bzw. später das Sozialgericht die einzelnen Umstände werten wird, ist schwierig, da diese unterschiedlich gewichtet werden können. Es kommt ganz auf den Einzelfall an.

Nicht immer wird der volle Betrag gezahlt. Personen, die das 25. Lebensjahr noch nicht vollendet haben und in eine andere Wohnung ziehen, ohne dafür die Genehmigung der zuständigen Gemeinde zu haben, erhalten nur

80 Prozent der vollen Regelleistung in Höhe von 339 Euro. Bei fehlender Genehmigung bzw. Zusicherung der Gemeinde erhalten diese Personen nach ihrem Umzug keine Leistungen für Unterkunft und Heizung (§ 22 Abs. 5 SGB II). Die Leistungen werden erst wieder erbracht, wenn der Betreffende das 25. Lebensjahr vollendet.

05

Schwerwiegende Gründe

Grundsätzlich muss ein Kind, das in der Bedarfsgemeinschaft mit seinen Eltern lebt, die Gemeinde um Zustimmung ersuchen, wenn es aus deren Wohnung ausziehen will. Die Gemeinde ist zur Genehmigung bzw. Zusicherung nur verpflichtet, wenn es dafür schwerwiegende soziale Gründe gibt und deswegen nicht auf die Wohnung der Eltern oder eines Elternteils verwiesen werden kann oder der Bezug der Unterkunft zur Eingliederung in den Arbeitsmarkt erforderlich ist bzw. ein ähnlicher schwerwiegender Grund vorliegt. Der „übliche" Streit zwischen Eltern und Kindern gehört sicherlich nicht zu den vom Gesetzgeber gemeinten „schwerwiegenden" sozialen Gründen.

KOSTEN FÜR UNTERKUNFT UND HEIZUNG

Angemessenheit

Die Gemeinde oder das Jobcenter zahlen dem Hilfebedürftigen auch die Leistungen für seine Wohnung und die Heizung, und zwar in Höhe der tatsächlichen Aufwendungen. Voraussetzung ist allerdings, dass die Kosten „angemessen" sind. Für die Entscheidung, was angemessene Kosten sind, gibt es keine festen Regeln. Vielmehr richtet sich die Angemessenheit der Kosten z. B. für eine Wohnung nach der Person des Hilfebedürftigen, der Art seines Bedarfs und den örtlichen Verhältnissen. Hier spielen vor allem die Wohnfläche, die Lage auf dem örtlichen Wohnungsmarkt und das örtliche Mietpreisniveau eine Rolle.

Tipp

Im Rahmen der Heizkosten sind sowohl die notwendigen Vorauszahlungen als auch spätere Nachforderungen des Vermieters von der Behörde zu erstatten.

Erstattet wird grundsätzlich die Kaltmiete zuzüglich der nach dem Mietvertrag zu zahlenden Nebenkosten, und zwar ohne Heizkosten (die gesondert gezahlt werden) und ohne die Kosten der Warmwasserzubereitung (die über die Betriebskosten übernommen werden oder für die es andernfalls einen Zuschlag gibt).

Nicht zu den erstattungsfähigen Nebenkosten gehören die Kosten der Kochenergie, der Beleuchtung und des Betriebs elektrischer Geräte.

Warmwasserzubereitung

Für die Warmwasserzubereitung ist nach § 21 Abs. 7 SGB II zu unterscheiden, ob die Warmwassererzeugung dezentral erfolgt (dann wird ein Mehrbedarf für jede im Haushalt lebende leistungsberechtigte Person in Höhe von 0,6 Prozent für Kleinkinder bis 2,3 Prozent des Regelbedarfs für Alleinstehende anerkannt) oder zentral bereitgestellt wird.

Dies alles darf allerdings nicht nur theoretisch angenommen werden. Vielmehr muss eine Wohnung, die von der Behörde als „angemessen" angesehen wird, auch tatsächlich auf dem Wohnungsmarkt vorhanden sein. Dazu muss z. B. ein Vermieter bereit sein, seine Wohnung an den konkreten Hilfebedürftigen zu vermieten.

Vorsicht

Grundsätzlich werden auch beim Eigenheim oder der Eigentumswohnung Kreditzinsen nur in der Höhe übernommen, die der Hilfebedürftige als Miete in seinem speziellen Fall zahlen müsste. Das kann ihn in erhebliche Schwierigkeiten bringen.

Besonderheiten gelten bei einem Eigenheim (Haus) oder einer Eigentumswohnung. Hier gilt eine Wohnfläche von 80 m² als angemessen, unabhängig davon, ob ein oder zwei Personen in dem Haus bzw. der Eigentumswohnung leben. An Kosten für das Eigenheim bzw. die Eigentumswohnung werden eventuell die Kreditzinsen von der Behörde übernommen, Tilgungsleistungen nur in ganz seltenen Ausnahmefällen. Außerdem muss dem Hilfebedürftigen die Ansparung eines bestimmten Betrags für Aufwendungen an seinem Haus gestattet werden.

Vorsicht

Eine generelle Pauschalierung der Heizkosten ist nicht in jedem Fall zulässig!

Heizung

Wie die Wohnkosten werden auch die Heizkosten in Höhe der tatsächlichen Aufwendungen erstattet. Die tatsächlichen Aufwendungen ergeben sich aus dem Mietvertrag, den monatlichen Heizkostenvorauszahlungen sowie den späteren Nachzahlungen bzw. (in seltenen Fällen) auch Rückerstattungen. Hat jemand noch einen Ölofen oder heizt er mit Kohle, kann er die tatsächlichen Aufwendungen am einfachsten durch die Kaufquittungen für Heizmaterialien nachweisen.

05

Schuldenübernahme

Soweit die Gemeinde Leistungen für Unterkunft und Heizung erbringt, kann sie auch Schulden übernehmen, wenn dies zur Sicherung der Unterkunft oder zur Behebung einer vergleichbaren Notlage gerechtfertigt ist (§ 22 Abs. 8 SGB II). Im Normalfall sollen die Schulden übernommen werden, wenn dies gerechtfertigt und notwendig ist und der Betreffende andernfalls ohne Wohnung dastünde.

Auszubildende, die Berufsausbildungsbeihilfe oder Ausbildungsgeld oder Leistungen nach dem BAföG beziehen, können ein Darlehen erhalten, um die angemessenen Kosten für Unterkunft und Heizung zu decken (§ 27 Abs. 3 SGB II).

LEISTUNGEN FÜR MEHRBEDARFE BEIM LEBENSUNTERHALT

Grundsätzlich soll alles – bis auf die Kosten für Unterkunft und Heizung – durch die Regelleistung (416 Euro Höchstsatz) abgedeckt sein. Nun gibt es Fälle, in denen dies unbillig wäre. Deswegen sieht § 21 SGB II vor, dass bestimmte Personengruppen zusätzliche Leistungen zum Lebensunterhalt bekommen. Dies sind

Vorsicht
Der Betrag für Schwangere hängt auch davon ab, ob die Schwangere alleinstehend ist oder mit einem volljährigen oder minderjährigen Partner zusammenlebt. Der Satz kann sich in diesen Fällen verringern.

- werdende Mütter, die erwerbsfähig und hilfebedürftig sind,
- Personen, die mit einem oder mehreren minderjährigen Kindern zusammenleben und allein für deren Pflege und Erziehung sorgen,
- erwerbsfähige behinderte Hilfebedürftige, denen Leistungen zur Teilhabe am Arbeitsleben sowie sonstige Hilfen zur Erlangung eines geeigneten Platzes im Arbeitsleben oder Eingliederungshilfen gewährt werden und

- erwerbsfähige Hilfebedürftige, die aus medizinischen Gründen einer kostenaufwendigen Ernährung bedürfen.

Die in den genannten Fällen vorgesehenen Mehrleistungen sind jedoch unterschiedlich hoch: So wird werdenden Müttern monatlich ein Betrag von 17 Prozent des Regelsatzes gezahlt, Alleinerziehenden, die mit einem Kind unter sieben Jahren oder mit zwei oder drei Kindern unter 16 Jahren zusammenleben, ein Betrag von 36 Prozent des Regelsatzes. Es können aber auch 12 Prozent des Regelsatzes je Kind gezahlt werden, wenn sich dadurch ein höherer Betrag ergibt – höchstens aber bis zu 60 Prozent des Regelsatzes. Menschen mit Behinderung wird ein Betrag von 35 Prozent des Regelsatzes gezahlt. Bei den Hilfebedürftigen, die eine besonders kostenaufwendige Ernährung zu sich nehmen müssen, ist kein bestimmter Betrag im Gesetz vorgeschrieben. Es wird der Mehrbedarf in angemessener Höhe gezahlt. Allerdings ist die Höhe des Mehrbedarfs „gedeckelt" (§ 21 Abs. 8 SGB II, siehe unten).

Tipp

In § 21 Abs. 7 SGB II wird unter bestimmten Voraussetzungen auch ein Mehrbedarf anerkannt, soweit Warmwasser dezentral erzeugt wird und deshalb keine Bedarfe für zentral bereitgestelltes Warmwasser anerkannt wurden (siehe oben).

Bei den Hilfen für eine besonders kostenaufwendige Ernährung orientieren sich die Behörden (und in Streitfällen auch die Gerichte) im Allgemeinen an den Empfehlungen des Deutschen Vereins für öffentliche und private Fürsorge. Für die meisten Krankheiten sieht der „Deutsche Verein" keine Kostenübernahme mehr vor, sondern nur noch für besonders schwere Erkrankungen wie Multiple Sklerose, Krebs im fortgeschrittenen Stadium, Morbus Crohn usw.

Die Summe des insgesamt gezahlten Mehrbedarfs darf die Höhe der für den konkreten erwerbsfähigen Hilfebedürftigen maßgebenden Regelleistung (424 Euro, 382 Euro usw.) nicht übersteigen.

EINMALLEISTUNGEN

Grundsätzlich sind keine Einmalleistungen vorgesehen. Von diesem Grundsatz weicht der Gesetzgeber lediglich in folgenden Fällen ab (§ 24 SGB II) und übernimmt die entsprechenden Kosten:

- Erstausstattung für die Wohnung einschließlich Haushaltsgeräte,
- Erstausstattung für Bekleidung,
- Erstausstattung bei Schwangerschaft und Geburt,
- Anschaffung und Reparaturen von orthopädischen Schuhen sowie Miete und Reparaturen von therapeutischen Geräten.

Sonderbedarfe

Außerdem erbringt das Jobcenter nach § 24 Abs. 1 SGB II darlehnsweise Geld- oder Sachleistungen für Sonderbedarfe, die zwar vom Regelbedarf umfasst, aber unabweisbar sind (siehe Seite 204 f. Bedarfe für Bildung und Teilhabe sowie Zuschüsse zu Versicherungsbeiträgen).

Auch wenn der Hilfebedürftige keine Leistungen zur Sicherung des Lebensunterhalts wie Arbeitslosengeld II oder Sozialgeld erhält und ihm auch keine Kosten für Unterkunft und Heizung gewährt werden, können ihm diese Einmalleistungen gewährt werden.

SOZIALGELD

Gleiche Leistungen wie Arbeitslosengeld II

Mit dem erwerbsfähigen Hilfebedürftigen können Angehörige in der Bedarfsgemeinschaft zusammenleben, die nicht erwerbsfähig sind. Diese erhalten kein Arbeitslosengeld II, sondern ein Sozialgeld, sofern sie keine Grundsicherung für Erwerbsunfähige nach SGB XII erhalten. Das Sozialgeld umfasst die gleichen Leistungen wie das Arbeitslosengeld II, nämlich die Leistung zur Sicherung des Lebensunterhalts in Höhe von höchstens 424 Euro zuzüglich der Kosten für Unterkunft und Heizung. Hier besteht also kein Unterschied zwischen dem Sozialgeld und dem Arbeitslosengeld II. Allerdings gilt folgende Besonderheit:

- Bis zur Vollendung des 6. Lebensjahres erhält der Angehörige 245 Euro, vom 7. bis zum 14. Lebensjahr erhält der Angehörige 302 Euro und ab dem 14. Lebensjahr bis zur Vollendung des 18. Lebensjahres 322 Euro. Zwischen dem 18. und 25. Lebensjahr werden 339 Euro gezahlt (Stand: 2019).

EINSTIEGSGELD

Will ein Hilfebedürftiger eine sozialversicherungspflichtige Arbeit oder eine selbstständige Erwerbstätigkeit aufnehmen, kann ihm die Arbeitsgemeinschaft oder Gemeinde ein sogenanntes Einstiegsgeld (§ 16 b SGB II) gewähren. Grundsätzlich orientiert am Einzelfall wird es gezahlt, wenn es zur Eingliederung in den allgemeinen Arbeitsmarkt erforderlich ist. Einstiegsgeld kann auch dann gewährt werden, wenn die Hilfebedürftigkeit durch die Aufnahme der Erwerbstätigkeit entfallen würde.

A bezieht mit seiner Familie 1.500 Euro Arbeitslosengeld II (Leistungen für den Lebensunterhalt zzgl. der Kosten für Unterkunft und Heizung). Als ihm eine Arbeitsstelle angeboten wird, bei der er 1.900 Euro brutto verdienen kann, möchte er die Stelle nicht annehmen, weil seine Nettoeinkünfte unterhalb der bisher bezogenen Leistungen des Arbeitslosengelds II lägen. Daraufhin gewährt ihm die Arbeitsgemeinschaft ein sogenanntes Einstiegsgeld in Höhe von 300 Euro.

Höhe

Die Höhe des Einstiegsgelds ist in der Einstiegsgeld-Verordnung geregelt. Dazu wird ein monatlicher Grundbetrag bestimmt, dem Ergänzungsbeträge hinzugefügt werden sollen. Der Grundbetrag darf höchstens 50 Prozent der für den betroffenen Hilfebedürftigen maßgebenden Regelleistung (2019: 424 Euro für einen Alleinstehenden) betragen. Es kann festgelegt werden, dass sich die Höhe des Betrags innerhalb des Förderzeitraums verändert.

Langzeitarbeitslose

Bei Langzeitarbeitslosen soll ein Ergänzungsbetrag in Höhe von 20 Prozent der konkreten Regelleistung gezahlt werden. Das gilt auch für Personen, deren Eingliederung in Arbeit wegen persönlicher Schwierigkeiten problematisch ist. Hier ist eine Arbeitslosigkeit von lediglich sechs Monaten Voraussetzung.

Insgesamt darf das Einstiegsgeld aber nicht den monatlichen Gesamtbetrag der Regelleistung überschreiten.

Auf das Einstiegsgeld hat der Hilfebedürftige jedoch keinen Anspruch! Ob, in welcher Höhe und wie lange (höchstens 24 Monate) Einstiegsgeld gewährt wird, liegt im Ermessen der Arbeitsgemeinschaft bzw. Gemeinde. Diese darf natürlich nicht willkürlich handeln, sondern muss sachliche Gesichtspunkte für ihre Entscheidung heranziehen. Das bedeutet, dass die Behörde sich mit jedem Einzelfall sorgfältig auseinandersetzen muss. Sie kann auf keinen Fall argumentieren, ein Einstiegsgeld gebe es nicht, weil keine Mittel mehr vorhanden seien. Vielmehr ausschlaggebend ist die Frage, ob mit dem Einstiegsgeld eine Eingliederung in den allgemeinen Arbeitsmarkt herbeigeführt werden kann, und wenn ja, in welcher Höhe eine solche Unterstützung notwendig ist.

MEHRAUFWANDSENTSCHÄDIGUNG (1-EURO-JOBS)

Einfache Arbeitsgelegenheiten

Für erwerbsfähige Hilfebedürftige, die keine Arbeit finden können, sollen Arbeitsgelegenheiten geschaffen werden (§ 16 d SGB II). Diese können als Arbeitsbeschaffungsmaßnahmen, aber auch als „einfache" Arbeitsgelegenheiten zur Verfügung gestellt werden. In beiden Fällen ist es notwendig, dass die Arbeiten, die der Hilfebedürftige verrichten soll,

- zusätzlich zum Normalgeschäft des Unternehmens anfallen und
- im öffentlichen Interesse liegen und
- wettbewerbsneutral sind.

Die erwerbsfähigen Hilfebedürftigen haben – zuzüglich zum Arbeitslosengeld II – bei den einfachen Arbeitsgelegenheiten einen Anspruch auf eine angemessene Entschädigung für ihre Mehraufwendungen. Diese beträgt im Allgemeinen 1 oder 2 Euro pro Arbeitsstunde. Die zusätzlich gezahlten 1 oder 2 Euro pro Stunde sind kein Einkommen und dementsprechend auch weder sozialversicherungs- noch steuerpflichtig. Sie sind eine zweckbestimmte Einnahme und werden nicht auf die Leistungen des Jobcenters oder der Gemeinde angerechnet.

Die 1 oder 2 Euro heißen juristisch korrekt „Entschädigung für Mehraufwendungen". Das bedeutet, dass der Arbeitslose dieses Geld einsetzen muss, wenn er solche Mehraufwendungen hat, z. B. eine Monatsfahrkarte kaufen muss. Gehen die Mehraufwendungen über die gezahlten 1 oder 2 Euro hinaus, ist hierfür nicht mehr der Arbeitslose, sondern das Jobcenter zuständig.

Kein Arbeitsverhältnis

Hilfebedürftige befinden sich bei diesen Arbeitsgelegenheiten nicht in einem Arbeitsverhältnis. Das schreibt das Gesetz ausdrücklich vor. Sie können sich daher z. B. nicht auf die Vorschriften des Kündigungsschutzgesetzes berufen. Allerdings gelten die Vorschriften über den Arbeitsschutz und das Bundesurlaubsgesetz mit Ausnahme der Regelungen über das Urlaubsentgelt.

EINGLIEDERUNGSLEISTUNGEN

Wie schon im Zusammenhang mit dem Arbeitslosengeld I ausgeführt (siehe Seite 84 ff.), sollen erst Eingliederungsleistungen (§ 16 f SGB II) in Anspruch genommen werden, bevor Leistungen zum Unterhalt gezahlt werden. Die Behörde soll Arbeitslosengeld erst zahlen, wenn die Leistungen, die der Hilfebedürftige zur Eingliederung in den allgemeinen Arbeitsmarkt erhalten kann, nicht sinnvoll erscheinen. Genauso wie das Arbeitsförderungsrecht sieht die Grundsicherung für Arbeitssuchende die Eingliederung in Arbeit als vorrangige Aufgabe und die Zahlung von Arbeitslosengeld II usw. als nachrangig an.

Mit der Grundsicherung für Arbeitssuchende hat der Gesetzgeber die Eingliederungs- und ergänzenden Ansprüche von Arbeitssuchenden mit Anspruch auf Arbeitslosengeld II denen von Arbeitssuchenden angeglichen, die Arbeitslosengeld I beziehen oder beziehen könnten.

Arbeitssuchende, die Grundsicherungsleistungen in Anspruch nehmen wollen, können zunächst Eingliederungsleistungen beanspruchen, und zwar:

- Beratung, Vermittlung (mit der Möglichkeit, auch Dritte mit der Vermittlung zu beauftragen), Leistungen zur Unterstützung der Beratung und Vermittlung (z. B. die Übernahme von Bewerbungskosten bis zu 260 Euro jährlich sowie Reisekosten),
- Maßnahmen der Eignungsfeststellung und Trainingsmaßnahmen (hierzu gehört auch die Übernahme der erforderlichen und angemessenen Lehrgangskosten und Prüfungsgebühren, die Übernahme der Fahrtkosten für die tägliche Hin- und Rückfahrt des Teilnehmers zwischen Wohnung und Maßnahmestätte und die Kosten für die Betreuung der aufsichtsbedürftigen Kinder des Arbeitslosen in Höhe von 130 Euro monatlich je Kind),
- Mobilitätshilfen (Leistungen für den Lebensunterhalt bis zur ersten Arbeitsentgeltzahlung),
- Leistungen für Arbeitskleidung und Arbeitsgerät (Ausrüstungsbeihilfe),
- Kosten der Fahrt zum Antritt einer Arbeitsstelle (Reisekostenbeihilfe) und für die täglichen Fahrten zwischen Wohnung und Arbeitsstelle (Fahrtkostenbeihilfe,)
- Kosten einer getrennten Haushaltsführung (Trennungskostenbeihilfe),
- Umzugskostenbeihilfe (Einzelheiten siehe Seite 81).

Vorsicht

Die Hilfesuchenden haben jedoch keine durchsetzbaren Ansprüche auf diese Leistungen gegenüber der Behörde. Das Grundsicherungsgesetz legt nur fest, dass Weiterbildungskosten übernommen werden „können", nicht übernommen werden „müssen". Die Arbeitsagentur bzw. das Jobcenter ist nicht in jedem Fall verpflichtet, diese Leistungen zu erbringen, sondern es steht in ihrem Ermessen, ob sie diese gewährt. Das bedeutet natürlich nicht, dass die Behörde ihre Entscheidungen treffen kann, wie sie will. Sie muss ihre Entscheidungen schriftlich in dem Bescheid über die Gewährung oder Ablehnung der Maßnahmekosten begründen. Die Überlegungen der Behörde können gerichtlich überprüft werden.

Weiterbildungsmaßnahmen

Daneben können Arbeitssuchende auch in beruflichen Weiterbildungsmaßnahmen gefördert werden. Das bedeutet, dass die Behörde dem Hilfebedürftigen eine berufliche Weiterbildungsmaßnahme anbieten kann und die Kosten dafür übernimmt (siehe Seite 83).

Neben den Leistungen an den Hilfebedürftigen können die Behörden auch Leistungen an Arbeitgeber vergeben, damit ein Hilfebedürftiger, der einen Antrag auf Arbeitslosengeld II gestellt hat, wieder in Arbeit kommt (z. B. Eingliederungszuschüsse, Einstellungszuschüsse, Zuschüsse zu Ausbildungsvergütungen und Praktikumsvergütungen usw.).

BESONDERE LEISTUNGEN

Grundsicherungsleistungen

Daneben gibt es besondere Leistungen (§ 16 a SGB II), die nur dem arbeitssuchenden Hilfebedürftigen, der Grundsicherungsleistungen beantragt hat oder beantragen will, zustehen. Hierzu gehören:

- die Betreuung minderjähriger oder behinderter Kinder oder die häusliche Pflege von Angehörigen
- die Schuldnerberatung
- die psychosoziale Betreuung
- die Suchtberatung usw.

Die Gewährung dieser „freien Leistungen" zur Eingliederung schreibt das Gesetz ausdrücklich vor, ohne diese jedoch abschließend aufzuzählen.

Die Ansprüche in diesem Bereich sind häufig Ermessensleistungen. Einen Anspruch haben Hilfebedürftige hingegen, dass sie einen Dritten mit der Vermittlung beauftragen dürfen oder die Arbeitsvermittlung durch einen zugelassenen kommunalen Träger erfolgt.

Insbesondere die Schuldner- und Suchtberatung spielen heute in der Praxis eine große Rolle. Dabei ist unter „Sucht" das gesamte Spektrum der Drogen-, Alkohol-, Spiel-, Verschwendungssucht usw. gemeint. Die Beratung kann entweder durch die Behörde selbst erfolgen oder durch einen freien Träger, wenn die Behörde gegebenenfalls die Kosten für die Beratung übernimmt.

Tipp

Betroffene sollten darauf bestehen, sofort eine Eingliederungsmaßnahme zu bekommen. Notfalls hilft eine Beschwerde oder der Klageweg.

06

LEISTUNGEN FÜR MENSCHEN MIT BEHINDERUNG

Kaum ein Gebiet enthält so viele Leistungsansprüche wie das Schwerbehindertenrecht. Ansprüche, die behinderte und schwerbehinderte Menschen geltend machen können, richten sich nicht nur gegen den Staat und seine Sozialleistungsträger, sondern auch gegen Privatpersonen, wie z. B. Arbeitgeber. In den folgenden Ausführungen erhalten Sie u. a. einen Überblick über die entsprechenden Nachteilsausgleiche und Rehabilitationsleistungen.

KURZ & BÜNDIG

- **Behinderung:** Menschen sind behindert, wenn ihre körperliche Funktion, geistige Fähigkeit oder seelische Gesundheit mit hoher Wahrscheinlichkeit länger als sechs Monate von dem für das Lebensalter typischen Zustand abweichen und daher ihre Teilhabe am Leben in der Gesellschaft beeinträchtigt ist.
- **Schwerbehinderung:** Menschen sind schwerbehindert, wenn bei ihnen ein Grad der Behinderung von wenigstens 50 vorliegt. Mit der Schwerbehinderung sind besondere Vergünstigungen und Erleichterungen verbunden. Die Schwerbehinderung wird durch einen Schwrerbehindertenausweis bescheinigt.
- **Nachteilsausgleiche am Arbeitsplatz:** Die Kündigung eines schwerbehinderten Menschen ist unwirksam, wenn die Schwerbehindertenvertretung zuvor nicht beteiligt worden ist. Eine Kündigung bedarf der vorherigen Zustimmung des Integrationsamts.
- **Nachteilsausgleiche im Steuerrecht:** Menschen mit Behinderungen können einen steuerlichen Freibetrag geltend machen, der vom Grad der Behinderung abhängt. Über den Steuerfreibetrag hinaus werden außergewöhnliche Belastungen steuerlich berücksichtigt.
- **Nachteilsausgleiche im Sozialleistungsrecht:** Für schwerbehinderte Menschen gibt es eine Ermäßigung bei der Zuzahlung bis zur Belastungsgrenze. Menschen mit Behinderung haben einer leichteren Zugang zum Arbeitslosengeld. Zu den Regelsätzen in der Sozialhilfe und bei der Grundsicherung wird ein Mehrbedarfszuschlag gewährt.

DIE BEHINDERUNG

Alle Ansprüche, die das 9. Buch des Sozialgesetzbuches (SGB IX) regelt, setzen voraus, dass bei dem anspruchsberechtigten Menschen eine Behinderung oder gar eine Schwerbehinderung vorliegt.

Menschen sind behindert, wenn ihre körperliche Funktion, geistige Fähigkeit oder seelische Gesundheit mit hoher Wahrscheinlichkeit länger als sechs Monate von dem für das Lebensalter typischen Zustand abweicht und daher ihre Teilhabe am Leben in der Gesellschaft beeinträchtigt ist (§ 2 Abs. 1 SGB IX).

BEEINTRÄCHTIGUNGEN

Typischer Zustand

Das Gesetz vergleicht die zu beurteilende Beeinträchtigung eines Menschen mit dem für sein Lebensalter typischen Zustand. Das bedeutet: Übliche Kindes- und Alterserscheinungen sind keine Behinderung. Andererseits ist es nicht erforderlich, dass der Betroffene „krank" ist. Auch erhebliche Normabweichungen wie z. B. „Kleinwuchs" oder „totaler Haarausfall" können Grundlage einer Behinderung sein.

Der Zustand der Beeinträchtigung muss mit hoher Wahrscheinlichkeit länger als sechs Monate bestehen bleiben. Ob das so ist, kann in aller Regel nur ein Arzt durch eine Prognose entscheiden – die er dann auch attestiert.

Beeinträchtigungen

Die Abweichungen vom typischen Zustand eines Menschen müssen eine körperliche Funktionsbeeinträchtigung, eine Einschränkung geistiger Fähigkeiten oder aber eine Beeinträchtigung der seelischen Gesundheit zur Folge haben. Hierzu gehören z. B. Gehbehinderungen, Atembeschwerden, Sehstörungen, der Verlust der Erinnerungsfähigkeit, Intelligenzmangel, fortwährende Traurigkeit oder Ähnliches.

Dabei kommt es nicht darauf an, dass ein krankhafter Befund erhoben wird oder der Arzt eine Diagnose gestellt und beschrieben hat. Entscheidend ist vielmehr, ob dadurch auch eine Funktion oder eine Fähigkeit des Menschen beeinträchtigt wird.

Kompensation der Auswirkungen

Eine Behinderung liegt nicht vor, wenn die Erkrankung durch den Einsatz von Medikamenten, durch eine Psychotherapie oder eine Operation wenn auch nicht geheilt, aber doch in ihren Auswirkungen kompensiert werden kann. Dann liegt – trotz Erkrankung – keine Funktionsstörung vor.

A ist gerade 30 Jahre alt geworden. Im Rahmen einer Röntgenuntersuchung wird durch Zufall festgestellt, dass erhebliche Verschleißerscheinungen der Wirbelsäule vorliegen. Anna hat zwar bislang nichts gespürt, sie hat aber nun Angst, dass sie in der Zukunft darunter leiden wird und schont sich extrem. Auch massive Verschleißerscheinungen der Wirbelsäule im Röntgenbild verursachen nicht ohne Weiteres die Annahme einer Behinderung. Erst wenn die Veränderungen zu einem klinisch feststellbaren Funktionsausfall führen (z. B. wenn A sich nicht mehr bücken kann), kommt ihnen eine rechtliche Bedeutung zu. Das bedeutet, dass A gegenwärtig noch keine Behinderung hat.

BEEINTRÄCHTIGUNG DER GESELLSCHAFTLICHEN TEILHABE

Einschränkung der Teilhabe

Die festgestellten gesundheitlichen Funktionsstörungen müssen zusätzlich auch die Teilhabe des Betroffenen am Leben in der Gesellschaft einschränken. Dabei ist es gleichgültig, auf welche Lebensbereiche sich diese auswirken. Häufig zeigen sie sich besonders im Berufsleben. Aber auch eine nicht berufstätige Person kann ein Mensch mit Behinderung sein, wenn z. B. die Fähigkeit zu reisen, einen Gottesdienst zu besuchen oder Sport zu treiben beeinträchtigt ist.

A ist sechs Jahre alt und erscheint besonders klein. Die Eltern sind besorgt und fragen den Arzt, ob er schon als behindert gilt. Wenn ein Kleinkind an einer angeborenen Wachstumsstörung leidet, ist dies sicherlich ein regelwidriger Zustand, der auch Funktionsbeeinträchtigungen mit sich bringen kann. Er wirkt sich aber erst aus, wenn das Kind in seiner Körpergröße deutlich hinter Gleichaltrigen zurückbleibt und deswegen z. B. in der Gemeinschaft mit anderen Kindern gemeinsames Spielzeug nicht mehr benutzen kann. Die Beeinträchtigung in der Teilhabe am gesellschaftlichen Leben ist also umso eher zu bejahen, je älter das Kind wird.

Die Behinderung wird unabhängig davon festgestellt, ob oder welche berufliche Tätigkeit ausgeübt wird.

Der 60-jährige Arzt ist noch berufstätig. Bei ihm liegt eine ausgeprägte Verschleißerscheinung der Wirbelsäule vor. Außerdem leidet er an einer Zöliakie (Unfähigkeit des Darmes, bestimmte Getreidebestandteile zu verwerten). Zusammen führt das zu wesentlichen Einschränkungen, besonders im Beruf. Die Behinderung wird mit einem Grad der Behinderung (GdB) von 60 festgestellt. Der Arzt gibt daraufhin seine Praxis auf und widmet sich ausschließlich seinem heimischen Garten.

Abstrakte Feststellung

Nach dem Ausscheiden aus dem Berufsleben darf der GdB nicht anders festgestellt werden. Berufliche Besonderheiten dürfen schon bei der ursprünglichen GdB-Bemessung keine eigenständige, besondere Wertigkeit erhalten. Die Feststellung geschieht abstrakt, für alle Betroffenen gleich.

DER GRAD DER BEHINDERUNG (GDB)

Es ist nicht leicht, das Ausmaß einer Behinderung zu bewerten. Das Gesetz sieht eine Bemessung nach der Schwere der funktionellen Beeinträchtigung vor (§ 152 Abs. 1 SGB IX). Die Beeinträchtigung der Teilhabe am Leben in der Gesellschaft wird als Grad der Behinderung (GdB) in 10er-Schritten von 20 bis 100 festgestellt. Eine Behinderung, der nicht mindestens ein GdB von 20 zugeschrieben wird, wird nicht festgestellt.

Es gibt nur eine Behinderung. Bei den meisten Menschen liegen jedoch mehrere Funktionsbeeinträchtigungen vor, die die Behinderung ausmachen. § 152 Abs. 3 SGB IX sieht vor, dass beim Vorliegen mehrerer Beeinträchtigungen die Behinderung in ihrer Gesamtheit unter Berücksichtigung der wechselseitigen Beziehungen der Beeinträchtigungen untereinander festgestellt wird.

ENTSCHEIDUNGSHILFE ZUR BEWERTUNG

Grundlage für eine bundesweit einheitliche Bewertung von Funktionsstörungen im Rahmen des Schwerbehindertenrechtes sind die „Versorgungsmedizinischen Grundsätze". Die dort dargestellten GdB-Werte stellen altersunabhängige Mittelwerte dar. Die üblichen Schmerzen, seelischen Begleiterscheinungen und sonstigen Auswirkungen sind darin jeweils mit berücksichtigt.

Tipp

Die Versorgungsmedizinischen Grundsätze sind unter www.versorgungsmedizinische-grundsaetze.de nachzulesen.

Anders als in den Tabellenwerken der gesetzlichen Unfallversicherung ist es unerheblich, ob sich ein behinderter Mensch im Laufe der Zeit an den Zustand gewöhnt hat, ob er mit den Folgen besser oder schlechter als andere umgehen kann. Der GdB nach den Versorgungsmedizinischen Grundsätzen bleibt gleich.

Nur in seltenen Ausnahmefällen und nur mit einer besonderen Begründung kann von den Tabellenwerten abgewichen werden, beispielsweise dann, wenn etwa Schmerzen über das bereits berücksichtigte Maß hinausgehen.

Heilungsbewährung

Ein besonderes Bewertungsmodell ist das der sogenannten Heilungsbewährung. Nach Transplantationen von Organen und insbesondere bei Tumorerkrankungen wird der GdB ausnahmsweise nicht nach dem Ausmaß der bleibenden Funktionsbeeinträchtigung bestimmt, sondern es wird der Zustand unmittelbar nach der Operation bewertet. Diese Bewertung gilt dann für die Dauer der Heilungsbewährung. Das ist eine Zeitdauer von meistens fünf Jahren. Nach Ablauf dieser Zeit wird der GdB dann nach den verbliebenen Funktionseinschränkungen bewertet. Das kann im Extremfall eine Bewertung mit GdB 0 bedeuten.

A erkrankt an einem Brustdrüsentumor, der erfolgreich operiert werden kann. Die Brust kann erhalten werden. Nachdem sie die unmittelbaren Folgen der Operation überwunden hat, verbleiben nur noch geringe Beschwerden. Der GdB wird zunächst mit 50 bewertet. Nach Ablauf von fünf Jahren wird der GdB – ohne dass sich etwas verändert hat – auf 20 herabgesetzt. Diese Bewertung ist richtig, da für die Heilungsbewährung in solchen Fällen ein GdB von 50 angenommen wird. Danach zählt nur noch die tatsächliche Beeinträchtigung.

BEISPIELE FÜR DIE GDB-BEWERTUNG

Die Versorgungsmedizinischen Grundsätze teilen die möglichen Funktionsstörungen des Menschen in Organsysteme (z. B. Kopf und Gesicht, Nervensystem und Psyche, Haut usw.) ein. Im Folgenden sind einige Beispiele für die GdB-Bewertung von Funktionsstörungen aufgeführt:

Beispiele für den GdB

echte Migräne, leichter Verlauf (ein Anfall monatlich)	0 – 10
Hirnschäden mit mittelschwerer Leistungsbeeinträchtigung	50 – 60
Neurosen, Persönlichkeitsstörungen, Folgen psychischer Traumen, leichte Störungen	0 – 20
Linsenverlust eines Auges (Sehschärfe 0,4 und mehr)	10
Ohrgeräusche (Tinnitus) mit erheblichen Begleiterscheinungen	20
Verengung der Nasengänge, doppelseitig, mit leichter bis mittelgradiger Atembehinderung	10
chronische Bronchitis (schwere Form)	20 – 30
Bronchialasthma ohne dauernde Einschränkung der Lungenfunktion	0 – 20
Bluthochdruck, leichte Form	0 – 10
Bluthochdruck, mittelschwere Form	20 – 40

künstlicher After mit guter Versorgungsmöglichkeit	50
chronische Hepatitis ohne entzündliche Aktivität	20
Leistenbruch ein- oder beidseitig	0 – 10
Verlust, Ausfall oder Fehlen einer Niere bei Schaden der anderen Niere, ohne Einschränkung	30
Harninkontinenz, leichter Harnabgang bei Belastung	0 – 10
Diabetes mellitus (Typ 1 durch Diät gut einstellbar)	40
akute Leukämie	100
Akne (schweren Grades mit vereinzelter Abzess- und Knotenbildung und entsprechender erheblicher kosmetischer Beeinträchtigung)	20 – 30
Wirbelsäulenschäden mit schweren funktionellen Auswirkungen	30
Verlust eines Oberarmes	70
völlige Gebrauchsunfähigkeit eines Beines	80

DIE FESTSTELLUNG DES GDB

Antrag erforderlich

Die Zuständigkeit für die Feststellung des GdB ist in den Bundesländern unterschiedlich geregelt. Sie erfolgt im Allgemeinen durch die Versorgungsverwaltung, also das Versorgungsamt. In manchen Bundesländern, wie z. B. in Nordrhein-Westfalen, ist diese Aufgabe den Städten und Kreisen übertragen worden. Die Feststellung erfolgt auf Antrag des Menschen mit Behinderung. Dabei ist die Behörde in ihrer Beurteilung frei und muss sich nur nach den Versorgungsmedizinischen Grundsätzen richten. Grundsätzlich wird der GdB nur für die Zeit ab der Antragstellung festgestellt. Seit dem 1. Januar 2017 kann beim Vorliegen eines besonderen Interesses diese Feststellung auch schon für einen früheren Zeitpunkt getroffen werden (§ 152 Abs. Satz 2 SGB IX).

Die Bewertung der Behinderung mit einem Gesamt-GdB

Die Feststellung des Gesamt-GdB nach § 152 Abs. 3 SGB IX geschieht in drei Schritten. Zuerst wird für jede Gesundheitsbeeinträchtigung ein Einzel-GdB gebildet. Dann wird, ausgehend von der Funktionsstörung mit dem höchsten GdB-Wert, beurteilt, ob weitere Funktionsstörungen diesen GdB-Wert verstärken. Das Ergebnis wird dann im dritten Schritt mit einem feststehenden Tabellenwert aus den Versorgungsmedizinischen Grundsätzen verglichen.

Bei der Gesamt-GdB-Bildung sind für die Beziehungen der einzelnen Funktionsbeeinträchtigungen drei Konstellationen denkbar, die sich jeweils unterschiedlich darauf auswirken, ob und wie sich der GdB erhöht.

A hat einen Unterarm verloren, ist mittelgradig schwerhörig und leidet unter leichtem Bluthochdruck. Für den Verlust des Armes ist ein GdB von 50, für die mittelgradige Schwerhörigkeit beiderseits ein GdB von 30 und für den leichten Bluthochdruck ein GdB von 10 anzusetzen. Der Armverlust verursacht den höchsten GdB-Wert. Die Schwerhörigkeit erhöht den GdB auf 60 oder vielleicht 70. Denn die Schwerhörigkeit ist unabhängig von dem Armverlust zu betrachten, führt aber nicht zu einer außergewöhnlichen Verstärkung der Behinderung. Der Bluthochdruck bleibt außer Betracht, da eine Gesundheitsbeeinträchtigung mit einem GdB von 10 nur in ganz wenigen Ausnahmefällen zu einer Erhöhung des Gesamt-GdB führt. Ob nun ein Wert von 60 oder eher von 70 richtig ist, wird im Vergleich zu festen Tabellenwerten bestimmt. Ein GdB von 70 stellt bereits einen sehr hohen Wert dar, der beispielsweise erst bei vollständigem Verlust des Armes im Schultergelenk angewendet wird. Dann kann der Betroffene nichts mehr mit seinem „Arm" anfangen; der Funktionsverlust ist vollständig. Eine so starke Behinderung wird durch das Hinzutreten der Hörbeeinträchtigung nicht verursacht. Denn eine Verstärkung tritt nicht ein. Andererseits darf der Hörverlust bei einem Wert von 30 nicht völlig außer Acht bleiben, sodass hier insgesamt eine Bewertung mit einem GdB von 60 als richtig erscheint.

---

1. Fallgruppe
Funktionsstörungen ohne Beziehung untereinander wirken sich in der Regel GdB-erhöhend aus.

- Eingeschränkte Handbeweglichkeit bei in Fehlstellung verheiltem Bruch mit Teilschädigung des Nervus medianus — 30
- Posttraumatische Belastungsstörung und Persönlichkeitsstörung — 20

• Chronisch entzündliche Darmerkrankung mit Durchfällen in wechselnder Frequenz und Schmerzen	20
Gesamt-GdB	**50**

Bei allen Einzel-GdB-Werten liegen keine Überschneidungen vor.

2. Fallgruppe
Besonders nachteilige Verstärkung bewirkt besondere GdB-Erhöhung.

• Verlust einer Niere	25
• Verlust/Ausfall beider Nieren (= Dialyse)	100
• Versteifung eines Kniegelenks	30 – 60
• Versteifung beider Kniegelenke	80
• Blindheit auf einem Auge	25
• Blindheit auf beiden Augen	100

3. Fallgruppe
Ineinander aufgehende oder sich überschneidende Funktionsstörungen führen nicht oder nur zu einer geringen GdB-Erhöhung.

• Herzmuskelschwäche	30
• Schmerzstörung	20
• Funktionsstörung der Wirbelsäule, mittelgradig	20
• Bewegungseinschränkung im linken Knie	10
• Bewegungseinschränkung der linken Hand	10
• Wiederkehrende Magenentzündung	10
• Asthma bronchiale	10
Gesamt-GdB	**40**

Die Wirbelsäulenbeschwerden und die Schmerzstörung überlagern sich gegenseitig und führen deshalb zusammen zu einer Erhöhung des GdB auf 40. Die 10er-Werte erhöhen den GdB nicht.

DIE SCHWERBEHINDERUNG

Erreicht der GdB einen Wert von mindestens 50 oder mehr, gilt der behinderte Mensch als schwerbehindert (§ 2 Abs. 2 SGB IX). Mit der Schwerbehinderung sind besondere Vergünstigungen und Erleichterungen verbunden. Die Schwerbehinderung wird durch den Schwerbehindertenausweis bescheinigt, der auch die Höhe des GdB und die Merkzeichen angibt.

NACHTEILSAUSGLEICHE IM SCHWERBEHINDERTENAUSWEIS

Merkzeichen

Zweck des Schwerbehindertenrechts ist es, die sozialen Benachteiligungen auszugleichen, denen Personen in Folge einer Behinderung im beruflichen und gesellschaftlichen Leben ausgesetzt sind (Nachteilsausgleiche, § 209 Abs. 1 SGB IX). Ein Teil dieser Vergünstigungen und Nachteilsausgleiche wird durch sogenannte Merkzeichen im Schwerbehindertenausweis vermerkt, die durch Buchstaben gekennzeichnet (G, aG, B, H, RF, Bl, Gl, TBl, 1. Kl.) sind.

Merkzeichen nach der Schwerbehindertenausweis-Verordnung

G	erhebliche Beeinträchtigung der Bewegungsfähigkeit im Straßenverkehr
aG	außergewöhnliche Gehbehinderung
B	Notwendigkeit ständiger Begleitung
H	hilflos
RF	Befreiung von der Rundfunkbeitragspflicht
Bl	blind
Gl	gehörlos
TBl	taubblind
1. Kl.	Erfordernis der Bahnreise im Erste-Klasse-Abteil

Merkzeichen G: erhebliche Beeinträchtigung der Bewegungsfähigkeit (§ 229 Abs. 1 SGB IX)

Menschen mit Behinderung, in deren Ausweis das Merkzeichen G eingetragen ist, sind im öffentlichen Personennahverkehr – bis zu 50 km um ihren Wohnsitz oder Aufenthaltsort herum – unentgeltlich zu befördern. IC- und ICE-Züge dürfen damit nicht benutzt werden.

Begünstigt sind schwerbehinderte Menschen, die in ihrer Bewegungsfähigkeit im Straßenverkehr erheblich beeinträchtigt sind. Das sind Personen, die durch eine Einschränkung ihres Gehvermögens (auch bedingt durch innere Leiden oder durch Anfälle oder von Störungen der Orientierungsfähigkeit) nicht ohne erhebliche Schwierigkeiten oder nicht ohne Gefahr für sich oder andere Wegstrecken zurücklegen können, die üblicherweise noch zu Fuß erledigt werden. Das sind Strecken bis zu zwei Kilometern oder einer halben Stunde Dauer.

A leidet an erheblichen Durchblutungsstörungen der Beine und außerdem an einer Herzkranzgefäßstörung mit einer Leistungsbeeinträchtigung bereits bei forschem Gehen. Sie wird das Merkzeichen G bekommen.

Dies gilt auch für den voll gehfähigen, aber geistig schwerbehinderten B, der sich ohne fremde Hilfe außerhalb seiner gewohnten Umgebung nicht zurechtfinden kann.

Das Merkzeichen G steht dagegen nicht der 45-jährigen C zu, die im Oberharz wohnt und an Diabetes Mellitus und an Wirbelsäulenbeschwerden leidet. Sie müsste zweieinhalb Kilometer zur nächsten Haltestelle für den öffentlichen Nahverkehr durch den Wald gehen. Das schafft sie wegen der schlechten Wege, der häufigen Steigungen und meistens schlechten Witterung nur noch mit Mühe. In einer Ortschaft würde sie die Strecke nach Aussagen des begutachtenden Arztes in etwa 30 Minuten schaffen. Da es auch bei den Merkzeichen keine individuelle Bewertung der Verhältnisse gibt und es allein auf die durchschnittlichen ortsüblichen Verhältnisse ankommt, hat C keinen Anspruch auf das Merkzeichen G.

Neben dem Merkzeichen im Schwerbehindertenausweis müssen schwerbehinderte Menschen noch eine Wertmarke erwerben, damit die freie Fahrt gilt. Es kann eine Wertmarke für 80 Euro (Gültigkeit ein Jahr) bzw. 40 Euro (Gültigkeit halbes Jahr), aber auch eine unentgeltliche Wertmarke aufgebracht werden, wenn der behinderte Mensch nicht über ausreichende Mittel zum Lebensunterhalt verfügt.

Tipp

Anstelle der Freifahrt im öffentlichen Personennahverkehr können schwerbehinderte Menschen, die das Merkzeichen G erhalten haben, auch wahlweise eine Ermäßigung ihrer Kfz-Steuer um 50 Prozent in Anspruch nehmen. Allerdings darf dann kein anderer das Fahrzeug benutzen.

Neben den Inhabern des Merkzeichens G sind auch andere Schwerbehinderte im Nahverkehr kostenlos zu befördern, nämlich hilflose (Merkzeichen H) und gehörlose (Merkzeichen Gl) sowie auch blinde (Merkzeichen Bl) Menschen mit Behinderung. Dies gilt selbst dann, wenn sie zwei Kilometer in einer halben Stunde zurücklegen könnten. Für Inhaber der Merkzeichen H und Bl sind die Wertmarken kostenlos und können neben der Kfz-Steuerbefreiung erworben werden.

Merkzeichen aG: außergewöhnliche Gehbehinderung (§ 229 Abs. 3 SGB IX)

Bei schwerbehinderten Menschen mit einer außergewöhnlichen Gehbehinderung wird das Merkzeichen aG eingetragen. Außergewöhnlich gehbehindert sind schwerbehinderte Menschen, die sich wegen der Schwere ihres Leidens dauernd nur mit fremder Hilfe oder nur mit großer Anstrengung außerhalb ihres Kraftfahrzeuges bewegen können. Hierzu zählen vor allem Menschen, die aufgrund der Beeinträchtigung ihrer Gehfähigkeit auf die Benutzung eines Rollstuhls angewiesen sind. Alle anderen werden an diesen Menschen gemessen. Im Vergleich dazu wird beurteilt, ob die Einschränkung der Gehfähigkeit ähnlich gravierend ist. Von

Tipp

Zum 1. Januar 2017 sind die Zugangsvoraussetzungen zu diesem Merkzeichen erweitert worden. Es sind nicht mehr nur Beeinträchtigungen auf orthopädischem Fachgebiet maßgeblich, sondern auch Erkrankungen der Nerven oder der Gefäße. Auch gravierende Störungen des Herz-Kreislauf-Systems oder der Atmung können zur Erfüllung der Voraussetzungen führen. Ein Gesamt-GdB von 80 ist aber immer notwendig. Hier kann sich ein neuer Antrag lohnen, auch wenn man vorher abschlägig beschieden worden ist.

der Gewährung des Merkzeichens aG wird sehr zurückhaltend Gebrauch gemacht. Erst bei einer Einschränkung der zumutbaren Gehstrecke auf 50 bis unter 100 Meter kann eine Eintragung erfolgen.

Inhaber des Merkzeichens aG genießen zunächst einmal alle Nachteilsausgleiche des Merkzeichens G. Zusätzlich gibt es Parkerleichterungen, wie z. B. die Erlaubnis zum Parken im eingeschränkten Halteverbot, im Zonenhalteverbot, in verkehrsberuhigten Bereichen außerhalb der markierten Parkflächen und an Stellen mit Rollstuhlfahrersymbol. Auch kann die völlige Befreiung von der Kfz-Steuer beantragt werden, ohne dass auf die freie Fahrt in öffentlichen Verkehrsmitteln verzichtet werden muss.

Merkzeichen B: Notwendigkeit ständiger Begleitung

Schwerbehinderte Menschen, die erheblich gehbehindert (Merkzeichen G), hilflos (Merkzeichen H) oder gehörlos (Merkzeichen Gl) sind und bei der Benutzung öffentlicher Verkehrsmittel regelmäßig fremde Hilfe brauchen, um Gefahren für sich oder andere zu vermeiden, erhalten das Merkzeichen B. Dies berechtigt zur unentgeltlichen Beförderung einer Begleitperson im öffentlichen Nah- und Fernverkehr.

A ist schwerbehindert. Ein GdB 60 und das Merkzeichen G sind bereits im Ausweis eingetragen. Er leidet an einem erheblichen Lumbalsyndrom mit blitzartig und überraschend einschießenden Schmerzen in die Beine, an Greifstörungen der Hände sowie an ausgeprägten Schwindelerscheinungen aufgrund von Hirndurchblutungsstörungen. A steht das Merkzeichen B zu, weil er angesichts der Schwindelanfälle und der Schmerzattacken ohne fremde Hilfe zu stürzen droht und sich auch nicht ausreichend festhalten oder stützen kann. Gerade im Personenverkehr ist er auf den Bahnsteigen oder durch die Fahrbewegungen besonderen Gefahren ausgesetzt.

Merkzeichen H: Hilflosigkeit

Dauernder Hilfebedarf

Hilflos ist ein Mensch mit Behinderung, wenn er für eine Reihe von häufig und regelmäßig wiederkehrenden Verrichtungen zur Sicherung seiner persönlichen Existenz täglich und dauernd fremder Hilfe bedarf. Diese Voraussetzung ist auch dann gegeben, wenn die Hilfe in Form einer ständigen Überwachung oder Anleitung erforderlich ist oder wenn die Hilfe zwar nicht dauernd geleistet werden muss, jedoch eine ständige Bereitschaft zur Hilfestellung erforderlich ist.

Der behinderte Mensch selbst oder die Eltern eines behinderten Kindes, bei dem das Merkzeichen H zuerkannt ist, haben einen Anspruch auf einen erhöhten Steuer-Pausch-Betrag für die Behinderung von 3.700 Euro bei der Einkommensteuer. Daneben steht ihnen ein Pflege-Pausch-Betrag von 924 Euro sowie die unentgeltliche Beförderung im öffentlichen Nahverkehr (wie Merkzeichen G) ohne Eigenbeteiligung (kostenlose Wertmarke) und die vollständige Kfz-Steuerbefreiung zu (wie Merkzeichen aG).

Merkzeichen RF: Befreiung von der Rundfunkbeitragspflicht

Gesundheitliche Voraussetzungen

Die gesundheitlichen Voraussetzungen für die Gewährung des Merkzeichens RF liegen vor,

- bei blinden oder wesentlich sehbehinderten Menschen mit einem GdB von wenigstens 60 allein wegen der Sehbehinderung,
- bei hörgeschädigten Menschen, die gehörlos sind oder denen eine ausreichende Verständigung über das Gehör auch mit Hörhilfen nicht möglich ist (Merkzeichen Gl),
- bei behinderten Menschen, deren GdB wenigstens 80 beträgt und die wegen ihrer Behinderung an öffentlichen Veranstaltungen ständig nicht teilnehmen können.

Kann mit technischen Hilfsmitteln wie Rollstuhl, Inkontinenzmittel etc. oder durch eine Begleitperson die Teilnahme an öffentlichen Veranstaltungen ermöglicht werden, kommt das Merkzeichen RF nicht in Betracht.

Antrag

Die Eintragung des Merkzeichens RF führt nicht automatisch zum entsprechenden Nachteilsausgleich. Hier muss noch ein gesonderter Antrag gestellt werden. Behinderte Menschen, denen das Merkzeichen RF zugeordnet worden ist, zahlen einen ermäßigten Beitrag. Dieser beträgt – seit April 2015 – 5,83 Euro monatlich. Darüber hinaus kann bei der Deutschen Telekom ein Sozialtarif für den Festnetzanschluss beantragt werden. Gänzlich von der Rundfunkbeitragspflicht befreit werden taubblinde Menschen und Empfänger von Blindenhilfe.

Merkzeichen Bl: blind

Wenn dem behinderten Menschen das Augenlicht vollständig fehlt, erhält er das Merkzeichen Bl. Als blind wird auch derjenige eingestuft, dessen Sehschärfe auf keinem Auge und auch nicht bei beidäugiger Prüfung mehr als 1/50 beträgt oder bei dem andere Störungen des Sehvermögens von einem solchen Schweregrad vorliegen, der dieser Beeinträchtigung der Sehschärfe entspricht.

Inhabern des Merkzeichens Bl stehen als Nachteilsausgleiche ein erhöhter Einkommensteuer-Pauschbetrag sowie die Befreiung von der Kfz-Steuer, die Befreiung von der Rundfunkbeitragspflicht (wie Merkzeichen RF) sowie Parkerleichterungen zu (wie Merkzeichen aG). Daneben können sie Umsatzsteuerbefreiungen, Portofreiheit für Blindensendungen, kostenlose Rentenzahlungen in die Wohnung, Platzreservierung und freie Fahrt für sich, für Begleitperson und für Blindenhunde in Anspruch nehmen.

Tipp

In einigen Bundesländern wird außerdem ein Blindengeld nach den Landes-Blindengesetzen gezahlt.

Wer nicht zum genannten Kreis gehört, aber gleichwohl hochgradig sehbehindert ist, kann das Merkzeichen H erhalten, wenn seine Sehfähigkeit nicht mehr 1/20 beträgt.

Merkzeichen Gl: gehörlos

Als gehörlos gelten hörbehinderte Menschen, bei denen Taubheit auf beiden Ohren vorliegt. Aber auch Menschen mit einer an Taubheit grenzenden Schwerhörigkeit beiderseits und zusätzlich schweren Sprachstörungen haben Anspruch auf Eintragung des Merkzeichens Gl.

Inhaber des Merkzeichens Gl können alle Nachteilsausgleiche, die auch nach dem Merkzeichen G gewährt werden, in Anspruch nehmen. Darüber hinaus ist das Merkzeichen Gl eine der Voraussetzungen des Merkzeichens RF.

Merkzeichen TBl: taubblind (neues Merkzeichen seit dem 1. Januar 2017)

Voraussetzungen

Dieses Merkzeichen bringt den taubblinden Menschen eine Anerkennung ihrer spezifischen Beeinträchtigung. Wenn die Hörbehinderung einen GdB von 70 ausmacht und die Einschränkung der Sehfähigkeit einen GdB von 100 verursacht, wird das Merkzeichen in den Ausweis eingetragen.

Durch das Merkzeichen kann deutlich aufgezeigt werden, dass der betroffene Mensch spezifischer Hilfen bedarf. Es können nahezu alle Nachteilsausgleiche der Merkzeichen Gl und Bl in Anspruch genommen werden.

Merkzeichen 1. Kl.: Bahnfahren in der ersten Klasse

Voraussetzungen

Ausschließlich Kriegsbeschädigte nach dem Bundesversorgungsgesetz (BVG) und Verfolgte nach dem Bundesentschädigungsgesetz (BEG) haben unter besonderen Umständen das Recht, in Zügen mit einer Fahrkarte der zweiten Klasse die erste Klasse zu benutzen. Der Grad der Schädigungsfolgen (GdS) muss mindestens 70 betragen. Zusätzlich muss der körperliche Zustand des Kriegsbeschädigten die Unterbringung in der Ersten Klasse erfordern. Die Voraussetzungen hierfür sind insbesondere dann erfüllt, wenn eine Pflegezulage mindestens der Stufe 4 zusteht, sowie bei Kriegsblinden, Ohnhändern und Querschnittsgelähmten.

Dauernde Einbuße der körperlichen Beweglichkeit

Hierbei handelt es sich nicht um ein regelrechtes Merkzeichen, das eingetragen werden kann, sondern das Versorgungsamt stellt zusätzlich zum Bescheid eine entsprechende Bescheinigung aus. Das kann schon bei einem GdB von wenigstens 30 geschehen. Insbesondere können dann die Steuerfreibeträge bei der Einkommensteuer in Anspruch genommen werden, die sonst nur bei einem GdB von 50 gelten.

VERGÜNSTIGUNGEN AM ARBEITSPLATZ

Schwerbehinderte Menschen genießen an ihrem Arbeitsplatz besonderen Schutz und Vergünstigungen. Besonders hervorzuheben ist der erweiterte Kündigungsschutz:

- Die Kündigung eines schwerbehinderten Menschen ist unwirksam, wenn die Schwerbehindertenvertretung zuvor nicht beteiligt worden ist (§ 178 Abs. 2 Satz 3 SGB IX).
- Eine Kündigung bedarf der vorherigen Zustimmung des Integrationsamtes (§ 168 SGB IX). Dazu gehört jede Art einer Kündigung, die das Arbeitsverhältnis beendet oder verändert.
- Die Kündigungsfrist beträgt mindestens vier Wochen (§ 169 SGB IX).
- Das Integrationsamt soll im Verfahren auf eine gütliche Einigung hinwirken (§ 170 SGB IX).

Tipp

Das Integrationsamt sowie die Schwerbehindertenvertrauensleute in den Betrieben informieren über weitere Vergünstigungen für Schwerbehinderte.

Daneben bestehen weitere Vergünstigungen:

- fünf Tage Zusatzurlaub
- Anspruch auf Teilzeitarbeit
- Befreiung von Mehrarbeit
- tarifvertragliche Vergünstigungen, wie z. B. die Arbeitszeit

Mit Ausnahme des Zusatzurlaubs stehen diese Nachteilsausgleiche auch Menschen mit Behinderung zu, die nicht schwerbehindert sind, Schwerbehinderten aber durch einen Beschluss der Bundesagentur für Arbeit gleichgestellt sind.

NACHTEILSAUSGLEICHE IM STEUERRECHT

Menschen mit Behinderung können dafür vorgesehene Steuerfreibeträge (§ 33 b EStG) geltend machen und diese bei Bedarf auch im Lohnsteuerermäßigungsverfahren als monatlichen Vorababzug berücksichtigen lassen. Diese Pauschbeträge bewirken, dass in der eingetragenen Höhe keine Steuern zu entrichten sind.

Tipp

Menschen mit einem GdB von weniger als 50, aber mindestens 30, können auf Antrag schwerbehinderten Menschen gleichgestellt werden, wenn ein geeigneter Arbeitsplatz ohne die Gleichstellung nicht erlangt oder nicht behalten werden kann und der Grund dafür die bestehende Behinderung ist (§ 2 Abs. 3 SGB IX).

Zum Nachweis der Schwerbehinderung genügt die Vorlage des Schwerbehindertenausweises oder eine Fotokopie. Ist kein Ausweis vorhanden, genügt eine Bescheinigung des Versorgungsamtes über die Behinderung. Dies ist insbesondere dann erforderlich, wenn keine Schwerbehinderung, aber ein GdB zwischen 25 und unter 50 vorliegt.

Der Behinderten-Pauschbetrag wird für das ganze Jahr gewährt, auch wenn die Voraussetzungen nur an einem Tag des Jahres vorgelegen haben. Die Finanzämter gewähren stets den Pauschbetrag nach dem höchsten GdB, der im Kalenderjahr festgestellt wurde.

Der Pauschbetrag kann auch rückwirkend vom Finanzamt gewährt werden, wenn das Versorgungsamt bzw. die zuständige Behörde den GdB nachträglich für einen vergangenen Zeitraum festgestellt hat.

NACHTEILSAUSGLEICHE IM SOZIALLEISTUNGSRECHT

Gesetzliche Krankenversicherung

Schwerbehinderte Menschen können sich in der gesetzlichen Krankenversicherung freiwillig versichern lassen, wenn sie, ein Elternteil, ihr Ehegatte oder Lebenspartner in den letzten fünf Jahren vor dem Beitritt mindestens drei Jahre versichert waren.

Diese Voraussetzung entfällt, wenn sie wegen ihrer Behinderung diese Versicherungszeiten nicht erbringen konnten (§ 9 Abs. 1 Nr. 4 SGB V).

Für schwerbehinderte Menschen gibt es eine Ermäßigung bei der Zuzahlung bis zur Belastungsgrenze (§ 62 SGB V).

Behinderte Kinder können ohne Altersgrenze in der Familienversicherung verbleiben, wenn sie wegen der Behinderung außerstande sind, sich selbst zu unterhalten (§ 10 Abs. 2 Nr. 4 SGB V).

Rentenversicherung

Für Versicherte ab dem Geburtsjahrgang 1964 gilt die Regelaltersrente von 67 Jahren. Durch die Reformmaßnahmen der vergangenen Jahre ergibt sich für schwerbehinderte Menschen eine Fülle von Übergangs- und Vertrauensschutzregeln.

Tipp
Auskünfte erteilen die Beratungsstellen der Deutschen Rentenversicherung (Servicetelefon 08 00/10 00 48 00, www.deutsche-rentenversicherung.de).

Arbeitslosenversicherung

Menschen mit Behinderung haben einen leichteren Zugang zum Arbeitslosengeld I. Der Anspruch auf Arbeitslosengeld setzt voraus, dass jemand arbeitslos ist, der Arbeitsvermittlung zur Verfügung steht, die Anwartschaftszeit erfüllt und sich bei der Arbeitsagentur arbeitslos gemeldet hat. Wenn Menschen mit Behinderung wegen ihrer Behinderung nur eine kurzzeitige Beschäftigung unter den üblichen Bedingungen des allgemeinen Arbeitsmarktes ausüben können und eine Erwerbsminderung noch nicht festgestellt worden ist, haben sie gleichwohl einen Anspruch auf Arbeitslosengeld. Damit wird sichergestellt, dass sie nicht aus der Rentenversicherung und zugleich aus der Arbeitslosenversicherung herausfallen.

Tipp
Mehr Informationen und Beratung gibt es bei den örtlichen Wohngeldstellen.

Wohngeld

Die Gewährung von Wohngeld hängt davon ab, wie hoch das eigene Einkommen ist und wie viele Haushaltsmitglieder zu berücksichtigen sind. Bei der Ermittlung des Gesamteinkommens aller Haushaltsmitglieder werden Freibeträge unter anderem für Menschen mit Behinderung berücksichtigt (§§ 13, 17 Wohngeldgesetz).

Grundsicherung

Mehrbedarf

Sowohl im Sozialhilferecht (Grundsicherung für Ältere und Erwerbsgeminderte) als auch bei der Grundsicherung für Arbeitssuchende, wenn Sozialgeld gezahlt wird, wird eine Erhöhung des Regelsatzes von 17 Prozent für schwerbehinderte Menschen mit dem Merkzeichen G gewährt.

Werden Menschen mit Behinderung Leistungen zur Teilhabe oder Hilfen zur Erlangung eines geeigneten Platzes im Arbeitsleben oder Eingliederungshilfen gewährt, wird ein Mehrbedarf von 35 Prozent des Regelsatzes für die Dauer der Maßnahme und eine angemessene Zeit darüber hinaus berücksichtigt.

REHABILITATIONSLEISTUNGEN UND LEISTUNGEN ZUR TEILHABE FÜR MENSCHEN MIT BEHINDERUNG

Diese Leistungen werden Menschen mit Behinderung von verschiedenen Sozialleistungsträgern gewährt. Leider ist die Zuständigkeit nicht immer einfach zu entscheiden. Ein solcher Zuständigkeitsstreit soll aber nicht zu Lasten des Versicherten gehen.

§ 14 SGB IX sieht vor, dass der zuerst angegangene Leistungsträger binnen 14 Tagen entscheiden muss, ob er zuständig ist oder nicht. Hält er sich nicht für zuständig, muss er den Antrag unverzüglich an den nach seiner Meinung zuständigen Leistungsträger weiterleiten. Wird der Antrag nicht weitergeleitet, bleibt der zuerst angegangene Leistungsträger für die Rehabilitationsleistung gegenüber dem Versicherten zuständig und muss sich später von dem eigentlich Zuständigen die Kosten erstatten lassen.

Tipp
Ausführliche Informationen über Ihre Rechte und Leistungsansprüche finden Sie in dem Ratgeber der Verbraucherzentralen „Behinderung und Teilhabe", www.ratgeber-verbraucherzentrale.de.

06

LEISTUNG DURCH KRANKENKASSEN

Die Krankenkasse erbringt Rehabilitationsleistungen an Krankenversicherte, sofern diese notwendig sind, um eine Behinderung zu beseitigen, einer drohenden Behinderung vorzubeugen bzw. eine Verschlimmerung zu verhüten oder Pflegebedürftigkeit zu vermeiden bzw. zu mindern. Ziel ist hier die Erhaltung und oder Wiederherstellung der Gesundheit. Infrage kommen insbesondere ärztliche und zahnärztliche Behandlung.

LEISTUNG DURCH DEN RENTENVERSICHERUNGSTRÄGER

Geminderte Erwerbsfähigkeit

In der gesetzlichen Rentenversicherung haben Versicherte dann Anspruch auf Rehabilitationsleistungen, wenn ihre Erwerbsfähigkeit wegen Krankheit oder körperlicher, geistiger oder seelischer Behinderung erheblich gefährdet oder gemindert ist. Weitere Voraussetzung ist, dass durch die Leistungen voraussichtlich eine Minderung der Erwerbsfähigkeit abgewendet werden bzw. bei geminderter Erwerbsfähigkeit diese wesentlich gebessert oder wiederhergestellt werden kann. Ziel ist hier die Erhaltung oder Wiederherstellung der Erwerbsfähigkeit. In Betracht kommen medizinische und berufsfördernde Leistungen der Rehabilitation.

LEISTUNG DURCH DIE BERUFSGENOSSENSCHAFTEN

In der gesetzlichen Unfallversicherung haben Verletzte Anspruch auf Rehabilitationsleistungen, wenn ihre Beeinträchtigungen durch einen Versicherungsfall (Arbeitsunfall oder eine Berufskrankheit) verursacht worden sind. Ziel ist hier die Kompensation der Beeinträchtigungen, die durch einen Versicherungsfall der gesetzlichen Unfallversicherung verursacht worden sind. Auch hier kommen medizinische und berufsfördernde Leistungen in Betracht.

LEISTUNG DURCH DIE ARBEITSAGENTUREN

Vergütungszuschüsse

Bei den Rehabilitationsleistungen durch die Arbeitsagenturen handelt es sich um Leistungen zur beruflichen Rehabilitation. Die Arbeitsagenturen zahlen für Menschen mit Behinderung Zuschüsse zum Arbeitsentgelt, zur Ausbildungsvergütung oder zu anderen Vergütungen, die der Arbeitgeber bei anderen Maßnahmen der beruflichen Bildung an den schwerbehinderten Menschen erbringt.

Tipp

Die Kosten für die Beschaffung technischer Arbeitshilfen, ihre Wartung, Instandsetzung und die Ausbildung des schwerbehinderten Menschen im Gebrauch können in voller Höhe übernommen werden. Das gilt auch für die Ersatzbeschaffung und die Beschaffung zur Anpassung an die technische Weiterentwicklung. Wegen der Vielfalt von Möglichkeiten, im Einzelfall zu helfen, lohnt sich eine Beratung direkt bei der Krankenkasse, der Deutschen Rentenversicherung, der zuständigen Berufsgenossenschaft, den Arbeitsagenturen und vor allem bei den Integrationsämtern. Alle Sozialleistungsträger sind nicht nur zur Beratung verpflichtet (§ 14 SGB I), sondern sollen auch dafür sorgen, dass der Versicherte die bestmögliche Leistung erhält (§ 17 SGB I).

LEISTUNGEN DER INTEGRATIONSÄMTER

Die Integrationsämter gewähren schwerbehinderten Menschen technische Arbeitshilfen, Hilfen zum Erreichen des Arbeitsplatzes, Hilfen zur Gründung und Erhaltung einer selbstständigen beruflichen Existenz, Hilfen zur Beschaffung, Ausstattung und Erhaltung einer behindertengerechten Wohnung, Hilfen zur Teilnahme an Maßnahmen zur Erhaltung und Erweiterung beruflicher Kenntnisse und Fertigkeiten sowie Hilfen in besonderen Lebenslagen.

BESONDERE LEISTUNGEN ZUR SELBSTBESTIMMTEN LEBENSFÜHRUNG FÜR MENSCHEN MIT BEHINDERUNG

Das Eingliederungshilferecht tritt überwiegend zum 1. Januar 2020 in Kraft. Schon jetzt sind die Bundesländer aufgefordert, entsprechende Leistungsträger zu organisieren und die Qualität der Leistungserbringung sicher zu stellen.

07

FINANZIELLE HILFEN DER UNFALLVERSICHERUNG

Die gesetzliche Unfallversicherung soll Arbeitsunfälle und Berufskrankheiten sowie arbeitsbedingte Gesundheitsgefahren verhüten. Bei Arbeitsunfällen oder Berufskrankheiten bietet sie Leistungen, um die Gesundheit und die Leistungsfähigkeit der Versicherten wiederherzustellen. Bei Arbeitsunfällen mit Todesfolge oder wenn jemand an den Folgen einer Berufskrankheit stirbt, zahlt die gesetzliche Unfallversicherung den Hinterbliebenen Entschädigungen.

KURZ & BÜNDIG

- **Verletztengeld:** Verletztengeld wird gezahlt, wenn wegen des Versicherungsfalls Arbeitsunfähigkeit besteht. Dabei handelt es sich um eine ergänzende Leistung zum Lebensunterhalt des Versicherten während der Heilbehandlung. Das Verletztengeld soll das Arbeitseinkommen ausgleichen.
- **Übergangsgeld:** Übergangsgeld kann bei medizinischer sowie beruflicher Rehabilitation an den Versicherten gezahlt werden. Es stellt eine Entgeltersatzleistung dar, um den Einkommensausfall des betroffenen Arbeitnehmers auszugleichen.
- **Unfallrente:** Bei einem Gesundheitsschaden, der mindestens 26 Wochen lang andauert, kann eine Rente gezahlt werden. Die Erwerbsfähigkeit muss um 20 Prozent gemindert sein.
- **Pflegegeld:** Leistungen zur Pflege werden für den Zeitraum erbracht, für den der Versicherte wegen eines Arbeitsunfalls oder einer Berufskrankheit so hilflos ist, dass er in erheblichem Umfang fremder Hilfe bedarf. Die Höhe des Pflegegelds ist abhängig von der Art und Schwere des Gesundheitsschadens sowie der erforderlichen Hilfe.
- **Leistungen an Hinterbliebene:** Sterbegeld wird an Hinterbliebene gezahlt, die die Kosten der Bestattung getragen haben. Witwen und Witwer erhalten eine Hinterblienenenrente, wenn sie nicht wieder geheiratet haben. Kinder erhalten eine Waisenrente bis zur Vollendung des 18 Lebensjahrs und unter Umständen auch bis zur Vollendung des 27. Lebensjahrs.

VERSICHERTE RISIKEN

Versicherte Risiken in der gesetzlichen Unfallversicherung sind Arbeitsunfälle und Berufskrankheiten.

ARBEITSUNFALL

Arbeitsunfall ist ein Unfall, den ein Versicherter bei einer versicherten Tätigkeit erleidet. Ein Unfall ist ein zeitlich begrenztes, von außen auf den Körper einwirkendes Ereignis, das zum Gesundheitsschaden oder zum Tod führt.

Wegeunfall

Aber nicht nur Unfälle bei der Arbeit stehen unter dem Schutz der gesetzlichen Unfallversicherung, sondern auch solche, die sich auf dem unmittelbaren Weg zum und von dem Ort der Tätigkeit ereignen. Dabei muss nicht ausschließlich der kürzeste Weg genutzt werden. Grundsätzlich kann zwischen mehreren Strecken gewählt werden (z. B. eine längere, aber verkehrsgünstigere Strecke). Unter Umständen sind auch Abweichungen von der Wegstrecke versichert (z. B. weil Kinder in den Kindergarten gebracht werden müssen).

BERUFSKRANKHEITEN

Tipp
Die Liste der anerkannten Berufskrankheiten ist auf der Homepage der Deutschen Gesetzlichen Unfallversicherung www.dguv.de zu finden.

Als Berufskrankheiten zählen nur die Krankheiten, die in der Berufskrankheitenverordnung aufgeführt sind. Anspruch auf Leistungen der gesetzlichen Unfallversicherung besteht bei einer Berufskrankheit nur dann, wenn die Krankheit durch die berufliche Tätigkeit verursacht wurde.

VERSICHERTE PERSONEN

Arbeitnehmer und Auszubildende sind nach dem Gesetz unfallversichert. Darüber hinaus sind unter anderem Landwirte, Kinder in Kindertagesstätten, Schüler, Studierende, Helfer bei Unglücksfällen, häusliche Pflegepersonen und bestimmte ehrenamtlich tätige Personen durch die gesetzliche Unfallversicherung geschützt.

Unternehmer, Selbstständige und Freiberufler können sich und ihre mitarbeitenden Ehepartner freiwillig versichern, sofern sie nicht schon nach dem Gesetz oder aufgrund von Satzungen pflichtversichert sind. Für Beamte gelten besondere Vorschriften zur Unfallfürsorge.

LEISTUNGEN

Im Versicherungsfall haben Versicherte Anspruch auf verschiedene Geldleistungen.

VERLETZTENGELD

Ab 7. Woche Arbeitsunfähigkeit

Das Verletztengeld, das während der Zeit der Arbeitsunfähigkeit gezahlt wird, beträgt 80 Prozent des entgangenen Bruttogehalts bis maximal zur Höhe des Nettolohns. Es wird von dem Tag an gezahlt, ab dem die Arbeitsunfähigkeit ärztlich festgestellt wird. Wegen der vorrangigen Lohn- oder Gehaltsfortzahlung beginnt die Zahlung des Verletztengelds in der Regel erst mit der siebten Woche der Arbeitsunfähigkeit. Die Zahlungen enden mit dem letzten Tag der Arbeitsunfähigkeit bzw. mit dem Beginn der Zahlung von Übergangsgeld (siehe unten), grundsätzlich also spätestens mit Ablauf der 78. Woche – jedoch nicht vor Ende der stationären Behandlung.

ÜBERGANGSGELD

Weil der Verletzte während der Teilnahme an einer berufsfördernden Maßnahme nicht für seinen Unterhalt bzw. den Unterhalt seiner Familie sorgen kann, hat er Anspruch auf Übergangsgeld. Damit soll das fehlende Einkommen ausgeglichen und die Bereitschaft zur Teilnahme an der berufsfördernden Maßnahme gefördert werden.

Maßgebend für die Höhe des Übergangsgelds sind die Einkommensverhältnisse vor Beginn der Arbeitsunfähigkeit sowie die Familienverhältnisse des Verletzten zur Zeit der Berufshilfemaßnahme. Das Übergangsgeld beträgt bei Versicherten, die mindestens ein Kind haben oder pflegebedürftig sind, 75 Prozent. Alle anderen Versicherten erhalten 68 Prozent des Verletztengelds als Übergangsgeld.

UNFALLRENTE

Anspruch auf Unfallrente besteht, wenn die Erwerbstätigkeit des Versicherten über die 26. Woche nach dem Unfall hinaus um mindestens 20 Prozent gemindert ist. Die Rente beginnt grundsätzlich mit dem Tag, nach dem die Zahlung des Verletztengelds endete.

Höchstgrenze

Unfallrente wird bei völligem Verlust der Erwerbsfähigkeit als Vollrente, als Teilrente entsprechend der Einschränkung der Erwerbsfähigkeit gezahlt. Die Vollrente beträgt zwei Drittel des vor dem Arbeitsunfall oder der Berufskrankheit erzielten Jahresarbeitsverdiensts. Als Jahresarbeitsverdienst gelten das Arbeitsentgelt und das Arbeitseinkommen in den letzten zwölf Kalendermonaten vor dem Versicherungsfall. Das Gesetz legt für die Berechnung der Rente eine Obergrenze (Höchstjahresarbeitsverdienst) fest.

PFLEGEGELD

Pflegegeld zwischen 362/341 Euro (West/Ost) und 1.445/1.369 Euro (West/Ost) monatlich erhalten Versicherte, die wegen des Versicherungsfalls so hilflos sind, dass sie in erheblichem Umfang fremder Hilfe bedürfen. Das Pflegegeld hat den Zweck, pflegebedingte Mehraufwendungen pauschaliert abzugelten, um die notwendige Betreuung und Hilfe bei den gewöhnlichen und regelmäßig wiederkehrenden Verrichtungen im Ablauf des täglichen Lebens soweit wie möglich sicherzustellen. Damit soll den Betroffenen ein selbstbestimmtes Leben entsprechend ihren Bedürfnissen ermöglicht werden.

Auf Antrag des Versicherten kann statt des Pflegegelds eine Pflegekraft gestellt (Hauspflege) oder die erforderliche Hilfe mit Unterkunft und Verpflegung in einer geeigneten Einrichtung (Heimpflege) erbracht werden.

07

LEISTUNGEN AN HINTERBLIEBENE

Stirbt der Versicherte an den Folgen eines Arbeitsunfalls oder einer Berufskrankheit, haben Hinterbliebene Anspruch auf Sterbegeld und Hinterbliebenenrenten (siehe dazu Seite 190 ff.).

VERFAHREN

Meldung durch Arbeitgeber

Um Leistungen der gesetzlichen Unfallversicherung zu erhalten, muss kein Antrag gestellt werden. Vielmehr ist der Arbeitgeber verpflichtet, den Unfall der zuständigen Berufsgenossenschaft zu melden, wenn ein Versicherter getötet oder so verletzt wurde, dass er dadurch mehr als drei Tage arbeitsunfähig wurde.

08

FINANZIELLE HILFEN BEI PFLEGEBEDÜRFTIGKEIT

Mit der sozialen Pflegeversicherung wird das allgemeine Lebensrisiko abgesichert, pflegebedürftig zu werden und die Kosten der erforderlichen Pflege nicht tragen zu können. Sie ist allerdings keine Vollversicherung, weil die gedeckelten Beträge häufig nur einen Teil der tatsächlich entstehenden Pflegekosten abdecken. Für Nicht-Mitglieder einer sozialen Pflegeversicherung oder wenn der Grad der Pflegebedürftigkeit nicht ausreicht, um Leistungen aus der Pflegeversicherung zu erhalten, leistet das Sozialamt ergänzende Hilfe zur Pflege.

KURZ & BÜNDIG

- **Pflegesachleistung:** Pflegebedürftige der Pflegegrade 2 bis 5 haben einen Rechtsanspruch auf häusliche Pflegehilfe als Sachleistung. Häusliche Pflegehilfe wird durch geeignete Pflegekräfte erbracht. Mit der Pflegesachleistung hat der Pflegebedürftige gegen die Pflegekasse unmittelbar einen Anspruch auf Erbringung der Dienstleistung.
- **Pflegegeld:** Pflegegeld wird gewährt, wenn der Pflegebedürftige in seiner häuslichen Umgebung oder im Haushalt einer Pflegeperson versorgt wird. Voraussetzung ist, dass der Pflegebedürftige mit dem Geld dessen Umfang entsprechend die erforderlichen körperbezogenen Pflegemaßnahmen und pflegerischen Betreuungsmaßnahmen sowie Hilfen bei der Haushaltsführung in geeigneter Weise selbst sicherstellt.
- **Pflegehilfsmittel:** Pflegebedürftige haben Anspruch auf Versorgung mit Pflegehilfsmitteln, die zur Erleichterung der Pflege oder zur Linderung der Beschwerden des Pflegebedürftigen beitragen oder ihnen eine selbstständigere Lebensführung ermöglichen, soweit die Hilfsmittel nicht wegen Krankheit oder Behinderung von der Krankenversicherung oder anderen zuständigen Leistungsträgern zu leisten sind.
- **Pflege im Heim:** Pflege im Heim kann als teilstationäre Pflege in Einrichtungen der Tages- und Nachtpflege, als Kurzzeitpflege oder als vollstationäre Pflege erfolgen.
- **Entlastungsbetrag:** Anspruch auf den Entlastungsbetrag haben alle Pflegebedürftigen in den Pflegegraden 1 bis 5, wenn die Pflege ambulant, also im häuslichen Bereich erfolgt.

PFLEGEBEDÜRFTIGKEIT UND PFLEGEGRADE

Pflegebedürftig im Sinne der sozialen Pflegeversicherung sind Personen, die gesundheitlich bedingte Beeinträchtigungen der Selbstständigkeit aufweisen und deshalb der Hilfe anderer bedürfen. Es muss sich um Personen handeln, die körperliche, kognitive oder psychische Beeinträchtigungen oder gesundheitlich bedingte Belastungen oder Anforderungen nicht selbstständig kompensieren oder bewältigen können. Und die Pflegebedürftigkeit muss auf Dauer für mindestens sechs Monate und mit mindestens der gesetzlich festgelegten Schwere bestehen.

Tipp

Ob unvorhergesehen oder absehbar: Wird ein Angehöriger zum Pflegefall, stellen sich viele Fragen. Der Ratgeber „Pflegefall – was tun?", www.ratgeber-verbraucherzentrale.de, zeigt in zehn Schritten, wie sich die Pflege bestmöglich organisieren lässt.

Maßgeblich für das Vorliegen von gesundheitlich bedingten Beeinträchtigungen der Selbstständigkeit oder der Fähigkeiten sind die im Gesetz abschließend aufgezählten Bereiche, nach denen der Schweregrad der individuellen Beeinträchtigungen oder der Fähigkeiten ermittelt wird. Dabei handelt es sich jeweils um eine Gruppe artverwandter Kriterien oder einen Lebensbereich. Anhand dieser Kriterien sind im Rahmen der Begutachtung die Beeinträchtigungen der Selbstständigkeit oder der Fähigkeiten des Pflegebedürftigen festzustellen. Bei der Beurteilung der Pflegebedürftigkeit sind die folgenden sechs Kriterien zu berücksichtigen:

Kriterien

- Mobilität (z. B. sich im Bett umdrehen, Treppen steigen)
- Kognitive und kommunikative Fähigkeiten (z. B. Sachverhalte und Informationen verstehen, Risiken und Gefahren erkennen),
- Verhaltensweisen und psychische Problemlagen (z. B. Aggressionen, Ängste),
- Selbstversorgung (z. B. Essen und Trinken, Benutzen einer Toilette),
- Bewältigung von und selbstständiger Umgang mit krankheits- oder therapiebedingten Anforderungen und Belastungen (z. B. Arztbesuche, Verbandswechsel),

- Gestaltung des Alltagslebens und sozialer Kontakte (z. B. Ruhen und Schlafen, Tagesablauf gestalten).

Pflegebedürftigkeit setzt voraus, dass ein Pflegebedarf aller Voraussicht nach auf Dauer besteht. Als „dauerhaft" sieht das Gesetz einen Zeitraum von voraussichtlich mindestens sechs Monaten vor.

In einem Begutachtungsverfahren wird neben der Pflegebedürftigkeit des Betroffenen auch der Pflegegrad entsprechend den Beeinträchtigungen der Selbstständigkeit oder der Fähigkeiten festgestellt. Die Einordnung erfolgt in einen von fünf möglichen Pflegegraden:

- **Pflegegrad 1:** geringe Beeinträchtigungen der Selbstständigkeit oder der Fähigkeiten
- **Pflegegrad 2:** erhebliche Beeinträchtigungen der Selbstständigkeit oder der Fähigkeiten
- **Pflegegrad 3:** schwere Beeinträchtigungen der Selbstständigkeit oder der Fähigkeiten
- **Pflegegrad 4:** schwerste Beeinträchtigungen der Selbstständigkeit oder Fähigkeiten
- **Pflegegrad 5:** schwerste Beeinträchtigungen der Selbstständigkeit oder der Fähigkeiten mit besonderen Anforderungen an die pflegerische Versorgung

Tipp
Weiterführende Informationen zu dem neuen Begutachtungsverfahren finden Sie in dem Ratgeber „Das Pflegegutachten", www.ratgeber-verbraucherzentrale.de.

Die Einordnung des Pflegebedürftigen in den jeweiligen Pflegegrad hat insbesondere Bedeutung für seine Leistungsansprüche.

LEISTUNGEN BEI HÄUSLICHER PFLEGE

Vorrang der häuslichen Pflege

Die Pflegeversicherung will mit ihren Leistungen vorrangig die häusliche Pflege und die Pflegebereitschaft der Angehörigen und Nachbarn unterstützen, damit die Pflegebedürftigen möglichst lange in ihrer häuslichen Umgebung bleiben können.

PFLEGESACHLEISTUNG

Pflegebedürftige der Pflegegrade 2 bis 5 haben einen Rechtsanspruch auf häusliche Pflegehilfe als Sachleistung. Häusliche Pflegehilfe wird durch geeignete Pflegekräfte erbracht, die entweder von der Pflegekasse oder bei ambulanten Pflegeeinrichtungen, mit denen die Pflegekasse einen Versorgungsvertrag abgeschlossen hat, angestellt sind.

Unmittelbarer Anspruch gegen Pflegekasse

Mit der Pflegesachleistung hat der Pflegebedürftige gegen die Pflegekasse unmittelbar einen Anspruch auf Erbringung der Dienstleistung. Er hat also keinen Anspruch auf Erstattung von Kosten, die ihm durch die Inanspruchnahme von Diensten Dritter entstehen.

Der ambulante Pflegedienst unterstützt den Pflegebedürftigen und seine Angehörigen bei der Pflege zu Hause. Er bietet Familien Unterstützung und Hilfe im Alltag, damit pflegende Angehörige auch Beruf, Pflege und Betreuung besser organisieren können. Mitarbeiter des Pflegedienstes kommen zu den Pflegebedürftigen nach Hause und helfen fach- und sachkundig bei der täglichen Pflege, Betreuung und hauswirtschaftlichen Versorgung.

Der Anspruch auf häusliche Pflegehilfe umfasst je Kalendermonat

Leistungen der Pflegekasse

- für Pflegebedürftige des Pflegegrads 2 Leistungen bis zu einem Gesamtwert von 689 Euro,
- für Pflegebedürftige des Pflegegrads 3 Leistungen bis zu einem Gesamtwert von 1.298 Euro,
- für Pflegebedürftige des Pflegegrads 4 Leistungen bis zu einem Gesamtwert von 1.612 Euro,
- für Pflegebedürftige des Pflegegrads 5 Leistungen bis zu einem Gesamtwert von 1.995 Euro.

PFLEGEGELD FÜR SELBST BESCHAFFTE PFLEGEHILFE

Anstelle der häuslichen Pflegehilfe wird für die Pflegegrade 2 bis 5 ein Pflegegeld gewährt, wenn der Pflegebedürftige in seiner häuslichen Umgebung oder im Haushalt einer Pflegeperson versorgt wird. Voraussetzung für den Anspruch auf Pflegegeld ist, dass der Pflegebedürftige mit dem Geld, dessen Umfang entsprechend, die erforderlichen körperbezogenen Pflegemaßnahmen und pflegerischen Betreuungsmaßnahmen sowie Hilfen bei der Haushaltsführung in geeigneter Weise selbst sicherstellt.

Tipp
Alles, was Sie wissen müssen, wenn Sie einen pflegebedürftigen Angehörigen versorgen, finden Sie in dem Ratgeber „Pflege zu Hause organisieren", www.ratgeber-verbraucherzentrale.de.

Das Pflegegeld beträgt je Kalendermonat

- 316 Euro für Pflegebedürftige des Pflegegrads 2,
- 545 Euro für Pflegebedürftige des Pflegegrads 3,
- 728 Euro für Pflegebedürftige des Pflegegrads 4,
- 901 Euro für Pflegebedürftige des Pflegegrads 5.

Das Pflegegeld wird dem Pflegebedürftigen von der Pflegekasse überwiesen. Dieser kann über die Verwendung des Pflegegelds grundsätzlich frei verfügen.

KOMBINATION VON GELD- UND SACHLEISTUNG

Bei häuslicher Pflege können Pflegesachleistung und Pflegegeld miteinander kombiniert werden. Somit kann der Pflegebedürftige einen Teil der häuslichen Pflege einem ambulanten Pflegedienst überlassen (z. B. die Körperpflege) und den verbleibenden Teil selbst sicherstellen. In diesen Fällen kann neben dem Sachleistungsanspruch ein anteiliges Pflegegeld gezahlt werden.

Tipp

Die Kombination von Pflegesachleistung und Pflegegeld kommt insbesondere dann in Betracht, wenn der pflegende Angehörige oder andere ehrenamtlich Pflegende bestimmte Verrichtungen nicht bzw. nicht allein durchführen können, und das Ausmaß der Pflegesachleistung im Voraus bestimmt werden kann. Darüber hinaus kann eine Kombination zur Entlastung der ehrenamtlich pflegenden Person beitragen. So kann es beispielsweise sinnvoll sein, für einzelne Verrichtungen (z. B. für das Baden des Pflegebedürftigen) die Hilfe eines Pflegedienstes in Anspruch zu nehmen, während die übrige Hilfe von den Angehörigen geleistet wird. Die Aufteilung kann auch zeitlich erfolgen; so können z. B. die morgendlichen Pflegeleistungen von montags bis freitags durch einen Pflegedienst erbracht werden.

HÄUSLICHE PFLEGE BEI VERHINDERUNG DER PFLEGEPERSON

Ab Pflegegrad 2

Ist eine Pflegeperson wegen Erholungsurlaubs, Krankheit oder aus anderen Gründen an der Pflege gehindert, übernimmt die Pflegekasse die nachgewiesenen Kosten einer notwendigen Verhinderungspflege für längstens sechs Wochen je Kalenderjahr. Voraussetzung ist, dass der Pflegebedürftige mindestens in Pflegegrad 2 eingestuft ist und die Pflegeperson den Pflegebedürftigen vor der erstmaligen Verhinderung mindestens sechs Monate in seiner häuslichen Umgebung gepflegt hat.

Dauer

Der Anspruch auf Verhinderungspflege ist für die Dauer von sechs Wochen (= 42 Tage) je Kalenderjahr begrenzt. Die Pflegekasse übernimmt für Verhinderungspflege – unabhängig vom Pflegegrad – maximal einen Betrag in Höhe von 1.612 Euro. Voraussetzung ist, dass die Verhinderungspflege durch andere Pflegepersonen sichergestellt wird als solche, die mit dem Pflegebedürftigen bis zum weiten Grad verwandt oder verschwägert sind oder die mit ihm in häuslicher Gemeinschaft leben.

PFLEGEHILFSMITTEL

Pflegebedürftige haben Anspruch auf Versorgung mit Pflegehilfsmitteln, die zur Erleichterung der Pflege oder zur Linderung der Beschwerden des Pflegebedürftigen beitragen oder ihnen eine selbstständigere Lebensführung ermöglichen, soweit die Hilfsmittel nicht wegen Krankheit oder Behinderung von der Krankenversicherung oder anderen zuständigen Leistungsträgern zu leisten sind.

Unter Pflegehilfsmitteln versteht man Geräte und Sachmittel, die zur häuslichen Pflege notwendig sind, diese erleichtern und dazu beitragen, dem pflegebedürftigen Menschen eine selbstständige Lebensführung zu ermöglichen. Die Pflegekasse unterscheidet zwischen technischen Pflegehilfsmitteln (z. B. Pflegebett, Lagerungshilfen) und Verbrauchsprodukten (z. B. Einmalhandschuhe, Betteinlagen).

Zum Verbrauch bestimmte Pflegehilfsmittel

08

Die Aufwendungen für zum Verbrauch bestimmte Pflegehilfsmittel dürfen monatlich den Betrag von 40 Euro nicht übersteigen. Bis zum Höchstbetrag von 40 Euro monatlich braucht der Pflegebedürftige keine Zuzahlungen zu leisten, darüber hinausgehende Kosten muss er jedoch voll übernehmen. Zu den zum Verbrauch bestimmten Hilfsmitteln gehören u. a. Einmalhandschuhe, Mundschutz, Desinfektionsmittel, saugende Bettschutzeinlagen und Mundschutz.

Pflegehilfsmittel, die nicht zum Verbrauch bestimmt sind, sind in der Regel technische Hilfsmittel (z. B. Krankenbetten, Rollstühle, Gehwagen oder Hebevorrichtungen zum Ein- und Aussteigen). Für technische Hilfsmittel muss der Pflegebedürftige, wenn er das 18. Lebensjahr vollendet hat, eine Zuzahlung in Höhe von zehn Prozent der Kosten, höchstens jedoch 25 Euro je Pflegehilfsmittel leisten, wenn das Hilfsmittel in sein Eigentum übergeht. Bei leihweiser Überlassung des Hilfsmittels entfällt die Zuzahlung.

VERBESSERUNG DES WOHNUMFELDS

Anspruch unabhängig vom Pflegegrad

Pflegebedürftige haben unabhängig vom Pflegegrad Anspruch auf einen finanziellen Zuschuss für Maßnahmen zur Verbesserung des individuellen Wohnumfelds. Voraussetzung dafür ist, dass dadurch im Einzelfall die häusliche Pflege ermöglicht (ohne Durchführung der Maßnahme also der Pflegebedürftige stationär gepflegt werden müsste) oder erheblich erleichtert wird (also ohne die Maßnahme mit einer Überforderung des Pflegebedürftigen oder der Pflegeperson zu rechnen ist) oder eine möglichst selbstständige Lebensführung des Pflegebedürftigen wiederhergestellt wird (der Pflegebedürftige also unabhängiger von der Pflegeperson wird).

Der Verbesserung des Wohnumfelds können dienen:

Geförderte Maßnahmen

- Maßnahmen, die mit wesentlichen Eingriffen in die Bausubstanz verbunden sind (z. B. Verbreiterung von Türen),
- Maßnahmen, die eine Anpassung der konkreten Wohnumgebung an die Bedürfnisse des Pflegebedürftigen bezwecken und deshalb in einer anderen Wohnumgebung nicht notwendigerweise benötigt werden (z. B. Treppenlifter, Aufzüge),
- Ein- oder Umbau von Mobiliar entsprechend den Erfordernissen der Pflegesituation (z. B. Haltegriffe, mit dem Rollstuhl unterfahrbare Einrichtungsgegenstände, Absenkung von Küchenhängeschränken).

Die Pflegekasse zahlt – unabhängig vom Pflegegrad und von den Einkommens- und Vermögensverhältnissen des Pflegebedürftigen – auf Antrag bis zu 4.000 Euro als Zuschuss für wohnwertverbessernde Maßnahmen.

LEISTUNGEN BEI PFLEGE IM HEIM

Pflege im Heim kann als teilstationäre Pflege in Einrichtungen der Tages- oder Nachtpflege, als Kurzzeitpflege oder als vollstationäre Pflege erfolgen.

TEILSTATIONÄRE PFLEGE IN EINRICHTUNGEN DER TAGES- UND NACHTPFLEGE

Tipp

Tages- oder Nachtpflege kommt insbesondere für Pflegebedürftige in Betracht, die aufgrund körperlicher oder seelischer Beeinträchtigungen außerstande sind, während der Abwesenheit der Pflegeperson allein in ihrer Häuslichkeit zu bleiben, ansonsten jedoch zu Hause versorgt werden.

Pflegebedürftige der Pflegegrade 2 bis 5 haben Anspruch auf teilstationäre Pflege in Einrichtungen der Tages- oder Nachtpflege, wenn häusliche Pflege nicht in ausreichendem Umfang sichergestellt werden kann oder wenn dies zur Ergänzung oder Stärkung der häuslichen Pflege erforderlich ist. Die teilstationäre Pflege umfasst auch die notwendige Beförderung des Pflegebedürftigen von der Wohnung zur Einrichtung der Tagespflege oder der Nachtpflege und zurück.

Teilstationäre Pflege

Teilstationäre Pflege liegt vor, wenn sich der Pflegebedürftige nur einen Teil des Tages in einer Pflegeeinrichtung aufhält, während er den anderen Teil des Tages im eigenen Haushalt oder im Haushalt einer Pflegeperson verbringt, in den er aufgenommen worden ist. In Einrichtungen der Tagespflege werden Pflegebedürftige tagsüber untergebracht und versorgt, während er die Nacht zu Hause verbringt. Bei der Nachtpflege ist es umgekehrt. Hier wird der Pflegebedürftige über Nacht in einer Pflegeeinrichtung untergebracht und versorgt, währen er tagsüber häuslich gepflegt wird.

Die Leistungsbeträge der teilstationären Pflege entsprechen den Beträgen der ambulanten Sachleistung. Danach umfasst der Anspruch auf teilstationäre Pflege je Kalendermonat

- für Pflegebedürftige des Pflegegrads 2 einen Gesamtwert bis zu 689 Euro,
- für Pflegebedürftige des Pflegegrads 3 einen Gesamtwert bis zu 1.298 Euro,
- für Pflegebedürftige des Pflegegrads 4 einen Gesamtwert bis zu 1.612 Euro,
- für Pflegebedürftige des Pflegegrads 5 einen Gesamtwert bis zu 1.995 Euro.

KURZZEITPFLEGE

Begrenzte Zeit

Viele Pflegebedürftige sind nur für eine begrenzte Zeit auf vollstationäre Pflege angewiesen, beispielsweise zur Bewältigung von Krisensituationen bei der häuslichen Pflege oder wenn sich die Notwendigkeit einer dauerhaften Pflege erst im Verlauf eines Krankenhausaufenthalts ergibt und die anschließende häusliche Pflege noch organisiert oder das Wohnumfeld angepasst werden muss.

Durch die sogenannte Kurzzeitpflege sollen Pflegepersonen, die die häusliche Pflege sicherstellen, entlastet und verhindert werden, dass der Pflegebedürftige bei Ausfall der Pflegeperson auf Dauer in vollstationäre Pflege überwechseln muss. Dies trägt dem Grundsatz des Vorrangs der häuslichen Pflege Rechnung.

Leistungen der Pflegekasse

Die Pflegekasse übernimmt die pflegebedingten Aufwendungen einschließlich der Aufwendungen für Betreuung sowie die Aufwendungen für Leistungen der medizinischen Behandlungspflege bis zum Gesamtbetrag von 1.612 Euro im Kalenderjahr. Der Leistungsbetrag kann um bis zu 1.612 Euro aus noch nicht in Anspruch genommenen Mitteln der Verhinderungspflege auf insgesamt bis zu 3.224 Euro im Kalenderjahr erhöht werden. Der für die Kurzzeitpflege in Anspruch genommene Erhöhungsbetrag wird auf den Leistungsbetrag für eine Verhinderungspflege angerechnet.

VOLLSTATIONÄRE PFLEGE

In der sozialen Pflegeversicherung gilt der Vorrang häuslicher und teilstationärer Pflege vor vollstationärer Pflege. Deshalb besteht ein Anspruch auf Pflege in vollstationären Einrichtungen erst, wenn häusliche oder teilstationäre Pflege nicht möglich ist oder wegen Besonderheiten des einzelnen Falls nicht in Betracht kommt. Und der Anspruch besteht nur für Pflegebedürftige der Pflegegrade 2 bis 5.

Leistungen der Pflegekasse

Die Pflegekasse übernimmt die pflegebedingten Aufwendungen (einschließlich der Aufwendungen für Betreuung) und die Aufwendungen für Leistungen der medizinischen Behandlungspflege. Zu den pflegebedingten Aufwendungen gehören zunächst die allgemeinen Pflegeleistungen, das heißt die für die Versorgung des Bedürftigen nach Art und Schwere der Pflegebedürftigkeit erforderlichen Leistungen der Pflegeeinrichtung.

Neben diesen allgemeinen Pflegeleistungen gehören auch die Aufwendungen der medizinischen Behandlungspflege zu den Leistungen der Einrichtung, die die Pflegekassen vergüten. Zur Behandlungspflege gehören alle Maßnahmen der Behandlung, die dazu dienen, Krankheiten zu heilen, ihre Verschlimmerung zu verhüten oder Krankheitsbeschwerden zu lindern, sowie Maßnahmen, die von Pflegefachkräften erbracht werden. Darunter fallen Tätigkeiten wie die Wundversorgung, der Verbandswechsel, die Medikamentengabe, die Dekubitusbehandlung oder die Blutdruck- und Blutzuckermessung.

08

Vorsicht

Nicht zu den pflegebedingten Aufwendungen gehören die Unterkunft und Verpflegung sowie die Zusatzleistungen. Die Kosten für Unterkunft und Verpflegung muss der Pflegebedürftige selbst tragen. Soweit er dazu nicht in der Lage ist, kann er unter Umständen Leistungen der Sozialhilfe in Anspruch nehmen.

Pauschalbeträge

Die Pflegekasse übernimmt bei vollstationärer Versorgung (siehe oben) pauschale Beträge, die sich nach Pflegegraden richten. Die Pauschalbeträge betragen monatlich

- 770 Euro für Pflegebedürftige des Pflegegrads 2,
- 1.262 Euro für Pflegebedürftige des Pflegegrads 3,
- 1.775 Euro für Pflegebedürftige des Pflegegrads 4,
- 2.005 Euro für Pflegebedürftige des Pflegegrads 5.

ENTLASTUNGSBETRAG

Der Entlastungsbetrag soll Menschen, die als Pflegepersonen Verantwortung übernehmen und im Pflegealltag oftmals großen Belastungen ausgesetzt sind, Möglichkeiten zur Entlastung eröffnen. Außerdem sollen die Leistungen, für die der Entlastungsbetrag eingesetzt wird, darauf ausgerichtet sein, den Pflegebedürftigen Hilfestellungen zu geben, die ihre Fähigkeit zur selbstständigen und selbstbestimmten Gestaltung des Alltags fördern.

Anspruch auf den Entlastungsbetrag haben alle Pflegebedürftige in den Pflegegraden 1 bis 5, wenn die Pflege ambulant, also im häuslichen Bereich erfolgt. Pflegebedürftige des Pflegegrads 1 können den Entlastungsbetrag auch für Aufwendungen einsetzen, die ihnen im Zusammenhang mit der Inanspruchnahme von Leistungen der ambulanten Pflegedienste im Bereich der Selbstversorgung entstehen.

Ergänzung der Pflegeleistungen

Mit dem Entlastungsbetrag werden die ambulanten und teilstationären Pflegeleistungen im häuslichen Bereich ergänzt. Ausgeschlossen ist der Anspruch bei stationärer Pflege. Leistungen der häuslichen Pflege kommen auch in Betracht, wenn der Pflegebedürftige nicht in seinem eigenen Haushalt gepflegt wird. Auch der Haushalt der Pflegeperson oder die Unterbringung des Pflegebedürftigen in einem Altenwohnheim, einem Altenheim, einer Einrichtung des betreuten Wohnens oder einer Wohneinrichtung für behinderte Menschen gilt als Versorgung im häuslichen Bereich.

Keine Verrechnung mit anderen Leistungen

Der Anspruch auf den Entlastungsbetrag beträgt – unabhängig vom Pflegegrad des Pflegebedürftigen – bis zu 125 Euro monatlich. Der Entlastungsbetrag wird zusätzlich zu den sonstigen Leistungen der Pflegeversicherung bei häuslicher Pflege gewährt, er wird mit den anderen Leistungsansprüchen also nicht verrechnet.

Nicht (vollständig) ausgeschöpfte Beträge können innerhalb des jeweiligen Kalenderjahres in die Folgemonate bzw. am Ende des Kalenderjahres noch nicht verbrauchte Beträge können in das darauf folgende Kalenderhalbjahr übertragen werden. Ein Antrag auf Übertragung eines nicht beanspruchten Leistungsbetrags auf das folgende Kalenderjahr muss nicht gestellt werden. Wird der auf das folgende Kalenderjahr übertragene Leistungsanspruch nicht ausgeschöpft, verfällt dieser Anspruch mit dem 30. Juni.

LEISTUNGEN FÜR PFLEGEBEDÜRFTIGE DES PFLEGEGRADS 1

In den Pflegegrad 1 werden Menschen eingestuft, die geringe Beeinträchtigungen der Selbstständigkeit oder der Fähigkeiten haben. Deshalb werden für den betreffenden Personenkreis noch keine ambulanten Sachleistungen durch Pflegedienste oder Pflegegeld geleistet. Die Leistungen der Pflegeversicherung für Pflegebedürftige des Pflegegrads 1 konzentrieren sich vielmehr darauf, die Selbstständigkeit der Betroffenen durch frühzeitige Hilfestellungen möglichst lange zu erhalten und ihnen den Verbleib in der vertrauten häuslichen Umgebung zu ermöglichen.

Pflegeberatung

- Pflegebedürftige des Pflegegrads 1 haben daher Anspruch auf eine umfassende individuelle Pflegeberatung, mit der bereits frühzeitig auf die konkrete Situation der Betroffenen eingegangen werden kann.
- Bei Bedarf besteht Anspruch auf die Versorgung mit Pflegehilfsmitteln und auf Zuschüsse zur Anpassung ihres Wohnumfelds.

Entlastungsbetrag

- Darüber hinaus steht auch ihnen bei häuslicher Pflege der Entlastungsbetrag in Höhe von bis zu 125 Euro monatlich zu. Dieser kann in Pflegegrad 1 grundsätzlich genauso eingesetzt werden wie in den Pflegegraden 2 bis 5.
- Wählen Pflegebedürftige des Pflegegrads 1 vollstationäre Pflege in einem Pflegeheim, erhalten sie von der Pflegeversicherung einen Zuschuss in Höhe von 125 Euro monatlich. In teil- und vollstationären Einrichtungen haben sie wie alle Versicherten außerdem Anspruch auf zusätzliche Betreuung und Aktivierung. Auch die Leistungen bei Pflegezeit und kurzzeitiger Arbeitsverhinderung stehen bei Pflegegrad 1 zur Verfügung.

VERFAHREN ZUR LEISTUNGS-BEWILLIGUNG

Vorsicht

Anträge müssen rechtzeitig gestellt werden. Denn Leistungen werden erst ab dem Tag gezahlt, an dem der Antrag bei der Pflegekasse eingeht.

Leistungen der Pflegeversicherung gibt es nur auf Antrag bei der Pflegekasse. Die Pflegekasse ist bei der jeweiligen Krankenkasse angesiedelt.

Sobald der Antrag bei der Pflegekasse gestellt wird, beauftragt diese den Medizinischen Dienst der Krankenversicherung (MDK), durch Begutachtung festzustellen, ob und welcher Pflegegrad vorliegt.

LEISTUNGEN AUSSERHALB DER SOZIALEN PFLEGEVERSICHERUNG

Tipp

Den Antrag auf Pflegewohngeld stellt im Regelfall das Pflegeheim. Der Pflegebedürftige muss sich deshalb an die Heimverwaltung wenden.

Wenn die Pflegebedürftigkeit auf einem Arbeitsunfall oder einer Berufskrankheit beruht, erhält der Versicherte neben einer Unfallrente auch Pflegeleistungen (siehe dazu Seite 140 f.). Unter Umständen besteht bei Pflegebedürftigkeit im Rahmen der Sozialhilfe Anspruch auf ergänzende Hilfe zur Pflege (siehe dazu Seite 207 f.). So unter anderem dann, wenn der Pflegebedürftige nicht pflegeversichert ist oder aus anderen Gründen keinen Anspruch auf Leistungen der Pflegeversicherung hat.

Bei Pflegebedürftigen, die im Heim versorgt werden, beteiligt sich die soziale Pflegeversicherung zwar an den reinen Pflegekosten, die Kosten für Unterkunft und Verpflegung sowie die Investitionskosten (z. B. für den Erhalt und die Renovierung des Gebäudes) müssen die Heimbewohner selbst tragen. Pflegebedürftige, die wegen ihres geringen Einkommens und Vermögens nicht in der Lage sind, die Investitionskosten selbst zu tragen, können in Mecklenburg-Vorpommern, Nordrhein-Westfalen und Schleswig-Holstein unter bestimmten Voraussetzungen hierfür als Zuschuss das sogenannte Pflegewohngeld bekommen. Dieses wird von der Heimrechnung abgezogen.

PFLEGEUNTERSTÜTZUNGSGELD BEI KURZZEITIGER ARBEITSVERHINDERUNG

Berufstätige, die Angehörige pflegen, haben unter bestimmten Voraussetzungen Anspruch auf das sogenannte Pflegeunterstützungsgeld. Dies wird von der Pflegekasse des Pflegebedürftigen gezahlt.

ANSPRUCHSVORAUSSETZUNGEN

Beschäftigte haben das Recht, der Arbeit bis zu zehn Arbeitstage fernzubleiben, wenn dies erforderlich ist, um für einen pflegebedürftigen nahen Angehörigen in einer akut aufgetretenen Pflegesituation eine bedarfsgerechte Pflege zu organisieren oder eine pflegerische Versorgung in dieser Zeit zu sichern. Anspruchsberechtigt sind Arbeitnehmer (auch geringfügig Beschäftigte), die zu ihrer Berufsausbildung Beschäftigten, Heimarbeiter und ihnen Gleichgestellte. Nahe Angehörige sind u. a. Großeltern, Eltern, Schwiegereltern, Ehegatten, Lebenspartner, Partner einer eheähnlichen Gemeinschaft, Geschwister, Kinder, Adoptiv- oder Pflegekinder und Enkelkinder.

Tipp

Der Beschäftigte ist verpflichtet, dem Arbeitgeber seine Arbeitsverhinderung und deren voraussichtliche Dauer unverzüglich mitzuteilen. Der Arbeitgeber kann die Vorlage einer ärztlichen Bescheinigung verlangen, aus der die akute Pflegebedürftigkeit des nahen Angehörigen hervorgeht.

HÖHE DES PFLEGEUNTERSTÜTZUNGSGELDS

Für bis zu zehn Tage im Jahr hat der pflegende Angehörige Anspruch auf Pflegeunterstützungsgeld als Lohnersatzleistung. Die Höhe des Pflegeunterstützungsgelds orientiert sich am Kinderkrankengeld. Als Bruttoleistung zahlt die Pflegekasse 90 Prozent des während der unbezahlten Freistellung ausgefallenen Nettoarbeitsentgelts. Das Pflegeunterstützungsgeld entspricht in voller Höhe dem ausgefallenen Nettoarbeitsentgelt, wenn der Arbeitnehmer in den letzten zwölf Monaten vor der

Freistellung beitragspflichtige Einmalzahlungen erhalten hat. Der Höchstbetrag pro Kalendertag beläuft sich auf 70 Prozent der kalendertäglichen Beitragsbemessungsgrenze in der Krankenversicherung. Der Tageshöchstsatz beträgt nach dieser Berechnung im Jahr 2019 105,88 Euro.

ANTRAG

Ärztliches Attest

Die berufstätig pflegende Person muss das Pflegeunterstützungsgeld bei der Pflegekasse bzw. dem Versicherungsunternehmen des Pflegebedürftigen beantragen. Es muss ein ärztliches Attest vorgelegt werden, das den dringend notwendigen Pflegebedarf des Familienmitglieds bzw. Lebenspartners bescheinigt, ferner die Lohn- und Gehaltsbescheinigung des Arbeitgebers.

STAATLICHE FÖRDERUNG DER PRIVATEN PFLEGEZUSATZVERSICHERUNG („PFLEGE-BAHR")

Freiwilliger Abschluss

Seit dem 1. Januar 2013 wird die gesetzliche Pflegeversicherung um eine staatlich geförderte private Pflegezusatzversicherung ergänzt. Die Förderung erfolgt in Form einer Zulage. Der Abschluss der Pflegezusatzversicherung ist freiwillig.

FÖRDERVORAUSSETZUNGEN

Die staatliche Förderung gibt es nur für Policen, die bestimmte Kriterien erfüllen. Unter anderem

- sind Gesundheitsprüfungen, Risikozuschläge und Leistungsausschlüsse nicht zulässig,
- muss der Mindestbeitrag des Versicherten 120 Euro jährlich (zehn Euro monatlich) betragen,

- muss der Versicherer auf das ordentliche Kündigungsrecht verzichten,
- müssen in jedem Pflegegrad Versicherungsleistungen (Pflegemonatsgeld oder Pflegetagegeld) vorgesehen sein, beim Pflegegrad 5 mindestens 600 Euro,
- muss sich der Versicherer bei der Feststellung des Leistungsfalls an die Feststellungen der zuständigen Pflegekasse halten,
- dürfen die Abschlusskosten höchstens zwei Monatsbeiträge und die Verwaltungskosten höchstens zehn Prozent der Bruttoprämie betragen.

Grundsätzlich sind alle Personen förderfähig, die der sozialen oder privaten Pflegepflichtversicherung angehören. Die Personen müssen über 18 Jahre alt sein und dürfen noch keine Leistungen wegen Pflegebedürftigkeit beziehen oder bezogen haben.

Tipp
Hilfestellung rund um die Themen Pflegepflichtversicherung und private Pflegezusatzversicherungen bietet der Ratgeber „Richtig versichert", www.ratgeber-verbraucherzentrale.de.

HÖHE DER FÖRDERUNG

Die staatliche Zulage beträgt monatlich fünf Euro bzw. 60 Euro im Jahr. Sie ist für alle förderfähigen Verträge gleich hoch. Pro Person kann nur ein Vertrag gefördert werden. Der Versicherungsnehmer erhält die Zulage automatisch. Er muss hierfür keinen gesonderten Antrag stellen. Die mit der Förderung verbundenen Formalitäten übernimmt die Versicherung.

09

LEISTUNGEN BEI VERLUST DER ERWERBSFÄHIGKEIT

Der Schutz der gesetzlichen Rentenversicherung tritt auch ein, wenn Versicherte durch krankheitsbedingte Einschränkungen in ihrer beruflichen Leistungsfähigkeit beeinträchtigt werden. Bei entsprechender Minderung des Leistungsvermögens werden Renten wegen Erwerbsminderung gezahlt. Wer keinen Rentenanspruch aus der gesetzlichen Rentenversicherung hat, kann Grundsicherung bei Erwerbsminderung beantragen, wenn der Lebensunterhalt nicht aus eigenen Kräften und Mitteln sichergestellt werden kann.

KURZ & BÜNDIG

- **Rente wegen voller Erwerbsminderung:** Anspruch auf eine Rente wegen voller Erwerbsminderung besteht, wenn der Versicherte wegen Krankheit oder Behinderung auf nicht absehbare Zeit weniger als drei Stunden täglich unter den üblichen Bedingungen des allgemeinen Arbeitsmarkts arbeiten kann.
- **Rente wegen teilweiser Erwerbsminderung:** Kann der Versicherte noch zwischen drei und sechs Stunden einer Arbeit nachgehen, zahlt die Rentenversicherung die halbe Erwerbsminderungsrente.
- **Wartezeit:** Voraussetzung für die Zahlung einer Erwerbsminderungsrente ist, dass der Versicherte vor der Erwerbsminderung die sogenannte allgemeine Wartezeit von fünf Jahren erfüllt hat. Zur Wartezeit zählen u.a. Pflichtbeitragszeiten, Zeiten der Kindererziehung oder der Pflege von Pflegebedürftigen sowie Zeiten des Bezugs von Arbeitslosen- oder Krankengeld.
- **Dauer des Rentenbezugs:** Renten wegen Minderung der Erwerbsfähigkeit werden grundsätzlich als Zeitrenten gezahlt, und zwar für höchstens drei Jahre ab Beginn der Rentenzahlung.
- **Grundsicherung bei Erwerbsminderung:** Personen, die das 18. Lebensjahr vollendet haben, und dauerhaft aus medizinischen Gründen voll erwerbsgemindert sind, haben Anspruch auf Leistungen der Grundsicherung, wenn sie ihren notwendigen Lebensunterhalt nicht aus Einkommen und Vermögen bestreiten können. Die Leistung ist abhängig von der Bedürftigkeit.

ERWERBSMINDERUNGSRENTE DER GESETZLICHEN RENTENVERSICHERUNG

Die gesetzliche Rentenversicherung bietet auch Leistungen für den Fall, dass eine rentenversicherte Person aufgrund ihres Gesundheitszustands nicht mehr in der Lage ist, einer Vollzeitbeschäftigung nachzugehen und sich so den Lebensunterhalt zu verdienen. Abhängig vom Grad der Einschränkung der Erwerbsfähigkeit unterscheidet das Gesetz drei Rentenarten: die Rente wegen voller Erwerbsminderung, wegen teilweiser Erwerbsminderung und wegen teilweiser Erwerbsminderung bei Berufsunfähigkeit.

RENTE WEGEN VOLLER ERWERBSMINDERUNG

Eine volle Erwerbsminderung liegt vor, wenn der Versicherte wegen Krankheit oder Behinderung auf nicht absehbare Zeit und unter den üblichen Bedingungen des Arbeitsmarkts nur noch weniger als drei Stunden täglich erwerbstätig sein kann

Voll erwerbsgemindert sind grundsätzlich auch Personen, die in einer anerkannten Werkstatt für Menschen mit Behinderung oder in einer anderen beschützenden Einrichtung beschäftigt sind und wegen der Art und Schwere ihrer Behinderung nicht auf dem allgemeinen Arbeitsmarkt tätig sein können.

Tipp

Wenn die versicherte Person zwar mindestens drei Stunden, aber nur noch weniger als sechs Stunden täglich arbeiten kann und gleichzeitig arbeitslos ist, weil es keinen entsprechenden Teilzeitarbeitsplatz gibt, kann ein Anspruch auf Rente wegen voller Erwerbsunfähigkeit bestehen, obwohl aus medizinischer Sicht nur eine teilweise Erwerbsminderung vorliegt.

RENTE WEGEN TEILWEISER ERWERBSMINDERUNG

Eine teilweise Erwerbsminderung liegt vor, wenn der Versicherte wegen Krankheit oder Behinderung auf nicht absehbare Zeit außerstande ist, unter den üblichen Bedingungen des Arbeitsmarkts täglich noch drei bis sechs Stunden zu arbeiten. Die

Rente bei teilweiser Erwerbsminderung ist halb so hoch wie die Rente bei voller Erwerbsminderung.

RENTE WEGEN TEILWEISER ERWERBSMINDERUNG BEI BERUFSUNFÄHIGKEIT

Anspruch auf Rente wegen teilweiser Erwerbsminderung wegen Berufsunfähigkeit können nur Versicherte haben, die vor dem 2. Januar 1961 geboren sind und deren Berufsunfähigkeit durch Krankheit oder Behinderung verursacht ist. Diese Personen können bei gesundheitlichen Einschränkungen allein in ihrem bisherigen Beruf eine Rente wegen teilweiser Erwerbsminderung bekommen.

Voraussetzung ist, dass sie ihren bisherigen qualifizierten Beruf nicht mehr oder nur noch weniger als sechs Stunden täglich ausüben können, in einem anderen Beruf aber noch mindestens sechs Stunden täglich einsetzbar sind.

Vorsicht

Ob dem Versicherten eine andere Tätigkeit zugemutet werden kann, wird vom Rentenversicherungsträger geprüft. Die andere Tätigkeit muss dem Leistungsvermögen und den Fähigkeiten des Versicherten entsprechen und ihm im Hinblick auf seine Ausbildung, seinen bisherigen beruflichen Werdegang und auf seine erlangte soziale Stellung zumutbar sein. Ferner müssen auf dem Arbeitsmarkt genügend solcher Arbeitsplätze bereitstehen. Es ist aber nicht erforderlich, dass diese Arbeitsplätze auch frei sind und damit tatsächlich zur Verfügung stehen.

FESTSTELLUNG DER LEISTUNGSFÄHIGKEIT

Wie viele Stunden am Tag der Versicherte mit seiner Krankheit oder Behinderung noch arbeiten kann, wird von einem Arzt des Rentenversicherungsträgers festgestellt. Bei der Beurteilung wird von einem üblichen Arbeitsverhältnis im Rahmen einer Fünf-Tage-Woche ausgegangen und die Leistungsfähigkeit des Versicherten nicht nur in seinem bisherigen Beruf, sondern auch in anderen Tätigkeiten, die auf dem Arbeitsmarkt angeboten werden, geprüft.

DAUER DES RENTENBEZUGS

Zeitrente

Renten wegen Minderung der Erwerbsfähigkeit werden grundsätzlich als Zeitrenten gezahlt, und zwar für höchstens drei Jahre ab Beginn der Rentenzahlung.

Nur wenn es unwahrscheinlich ist, dass die Erwerbsminderung behoben werden kann und der Rentenanspruch unabhängig von der Arbeitsmarktlage besteht, wird die Rente unbefristet gewährt.

Die Erwerbsminderungsrente beginnt frühestens mit dem siebten Monat nach Eintritt der Erwerbsminderung. Damit sie rechtzeitig gezahlt werden kann, reicht es aus, wenn die Rente bis zum Ablauf dieses siebten Kalendermonats beantragt wird. Wird der Antrag erst später gestellt, beginnt die Rente erst mit dem Antragsmonat.

Entziehung der Rente

Bessert sich der Gesundheitszustand des Versicherten während des Rentenbezugs, kann die Rente ganz oder teilweise entzogen werden. Bevor die Rentenversicherung einen entsprechenden Bescheid erteilt, kann dazu Stellung genommen werden.

RENTENANTRAG

Die Rente wegen Erwerbsminderung wird nur auf Antrag gezahlt. Für den Rentenantrag ist keine bestimmte Form vorgeschrieben. Sinnvoll ist es, die vom Versicherungsträger herausgegebenen Antragsvordrucke zu verwenden. Damit ist gewährleistet, dass alle Angaben gemacht und notwendige Unterlagen zusammengestellt werden, die für die Bearbeitung des Rentenantrags erforderlich sind. Die Vordrucke können bei jedem Rentenversicherungsträger angefordert werden. Sie können auch im Internet heruntergeladen werden.

Tipp

Zum korrekten Ausfüllen des Vordrucks geben die Auskunfts- und Beratungsstellen der einzelnen Versicherungsträger gern Hinweise. Deren Adressen sind im örtlichen Telefonbuch zu finden. Weiterhelfen kann auch das zuständige Versicherungsamt bei der Stadt- oder Kreisverwaltung.

GRUNDSICHERUNG BEI ERWERBS-MINDERUNG

BERECHTIGTE

Personen mit gewöhnlichem Aufenthalt in Deutschland, die das 18. Lebensjahr vollendet haben, und – unabhängig von der Arbeitsmarktlage – dauerhaft aus medizinischen Gründen voll erwerbsgemindert sind, haben Anspruch auf Leistungen der Grundsicherung, wenn sie ihren notwendigen Lebensunterhalt nicht aus Einkommen und Vermögen bestreiten können. Die Leistung ist abhängig von der Bedürftigkeit. Eigenes Einkommen und Vermögen sind zu berücksichtigen.

Tipp

Als Faustregel gilt: Wenn das gesamte Einkommen unter 838 Euro im Monat liegt, sollte ein Anspruch auf Grundsicherung geprüft werden.

Die Grundsicherung ist keine Rente. Sie wird aus Steuermitteln finanziert und vom Sozialhilfeträger gezahlt. Die Grundsicherung tritt an die Stelle der Hilfe zum Lebensunterhalt (siehe Seite 196 ff.), wenn aus Altersgründen nicht mehr erwartet werden kann, dass die materielle Notlage einer Person durch Ausübung einer Erwerbstätigkeit überwunden werden kann.

Eine volle Erwerbsminderung liegt dann vor, wenn das Leistungsvermögen wegen Krankheit oder Behinderung vermindert ist, sodass man auf nicht absehbare Zeit außerstande ist, unter den üblichen Bedingungen des allgemeinen Arbeitsmarkts mindestens drei Stunden täglich erwerbstätig zu sein. Dauerhaft ist die Erwerbsminderung, wenn unwahrscheinlich ist, dass die Minderung der Erwerbstätigkeit behoben werden kann. Ob eine dauerhafte volle Erwerbsminderung vorliegt, prüft die Deutsche Rentenversicherung im Auftrag des Sozialamts.

Vorsicht

Solange nicht abschließend über die Erwerbsunfähigkeit des Hilfebedürftigen entschieden ist, ist die Arbeitsagentur verpflichtet, vorläufig – vom Zeitpunkt der Antragstellung bis zur Feststellung der Erwerbs(un)fähigkeit – Leistungen nach dem SGB II zu erbringen.

Die Grundsicherung wird unabhängig davon gezahlt, ob bereits eine Altersrente oder eine Rente wegen voller Erwerbsminderung bezogen wird. Wer schon eine Erwerbsminderungsrente bezieht, kann Grundsicherung nur dann erhalten, wenn die Rente dauerhaft allein wegen voller Erwerbsminderung und nicht nur wegen der Lage am Arbeitsmarkt gezahlt wird.

EINKOMMENS- UND VERMÖGENSANRECHNUNG

Die Höhe der Grundsicherung hängt vom Einkommen und Vermögen des Antragstellers sowie seines Ehegatten ab.

Anspruch auf Grundsicherung besteht nur, wenn der Bedarf nicht durch eigenes Einkommen oder Vermögen bestritten werden kann. Zum Einkommen gehören neben dem Erwerbseinkommen insbesondere auch Kindergeld, Krankengeld, Renten und Pensionen jeder Art, Miet- und Pachteinnahmen, Einkünfte aus Kapitalvermögen, Unterhalt des getrennt lebenden Ehegatten und Einkünfte aus Wohnrechten. Berücksichtigt wird nicht das volle (Brutto-)Einkommen. Steuern, Beiträge zur Sozialversicherung und zu privaten Versicherungen (soweit diese vorgeschrieben und angemessen sind) werden abgezogen. Abgezogen werden auch 30 Prozent des Einkommens (höchstens jedoch 50 Prozent der Regelbedarfsstufe 1, siehe Seite 200) aus einer selbstständigen/nicht selbstständigen Tätigkeit. Auch die Einkünfte des Ehe- oder Lebenspartners werden angerechnet.

Vorsicht

Anders als bei der Hilfe zum Lebensunterhalt werden Unterhaltsansprüche gegenüber Kindern und Eltern bei der Grundsicherung nicht angerechnet, wenn deren jährliches Gesamteinkommen jeweils unter 100.000 Euro liegt.

Vorhandenes Vermögen muss erst aufgebraucht werden, bevor Grundsicherung beansprucht werden kann. Zum Vermögen zählen Bargeld, Sparguthaben, Wertpapiere, Rückkaufswerte von Lebensversicherungen, Haus- und Grundvermögen. Nicht zum Vermögen zählt ein angemessenes Hausgrundstück, auf dem der Antragsteller allein oder zusammen mit Angehörigen wohnt. Nicht angerechnet werden beim Vermögen Geldbeträge bei Alleinstehenden bis zu 5.000 Euro, bei Verheirateten bis zu 10.000 Euro. Für jede Person, die vom Antragsteller überwiegend unterhalten wird, erhöht sich der Betrag um 50 Euro.

HÖHE DER LEISTUNGEN

Die Grundsicherung wird in Höhe des Regelsatzes der Sozialhilfe gezahlt (siehe Seite 200). Daneben umfasst sie insbesondere

- die angemessenen tatsächlichen Aufwendungen für Unterkunft und Heizung,
- gegebenenfalls anfallende Kranken- und Pflegeversicherungsbeiträge,
- eventuelle Mehrbedarfe (insbesondere einen Mehrbedarf von 17 Prozent des maßgebenden Regelsatzes bei schwerbehinderten Menschen, die im Besitz eines Schwerbehindertenausweises mit dem Merkzeichen G sind, Mehrbedarfe für werdende Mütter ab der zwölften Schwangerschaftswoche und für Alleinerziehende sowie einen Mehrbedarf für Krankenkost).

Mehrbedarfe

Einmalige Bedarfe wie Erstausstattungen für die Wohnung einschließlich Haushaltsgeräten oder die Anschaffung und Reparaturen von orthopädischen Schuhen, Reparaturen von therapeutischen Geräten und Ausrüstungen sowie die Miete von therapeutischen Geräten werden gesondert erbracht.

Einmalige Bedarfe

ANTRAG

Die Grundsicherung muss beim zuständigen Sozialamt beantragt werden. Sie beginnt grundsätzlich mit dem ersten Tag des Monats, in dem der Antrag gestellt wird. Die Zahlung erfolgt grundsätzlich für zwölf Monate. Danach muss ein neuer Antrag gestellt werden. Rückwirkende Leistungen sind nicht möglich.

10

LEISTUNGEN NACH DEM AUSSCHEIDEN AUS DEM BERUFSLEBEN

Die gesetzliche Rentenversicherung ist nach wie vor die wichtigste Säule der Alterssicherung in Deutschland. Die Altersrenten werden ab einer bestimmten Altersgrenze gewährt. Wer die Altersgrenze erreicht hat, aber seinen notwendigen Lebensunterhalt nicht aus eigenen Kräften und Mitteln – insbesondere aus Einkommen und Vermögen – sicherstellen kann, hat Anspruch auf Grundsicherung im Alter.

KURZ & BÜNDIG

- **Regelaltersrente:** Die Regelaltersrente ist die ganz normale Rente der Deutschen Rentenversicherung. Auf diese Rente besteht Anspruch, wenn der Rentenversicherte die Regelaltersgrenze erreicht und die allgemeine Wartezeit von fünf Jahren erfüllt hat.
- **Altersrente für besonders langjährig Versicherte:** Die Altersrente für besonders langjährig Versicherte gibt es für Versicherte, die mindestens 63 Jahre alt sind und 45 Jahre Versicherungszeit zurückgelegt haben. Nicht berücksichtigt werden Pflichtbeiträge, die wegen des Bezugs von Arbeitslosengeld II oder Arbeitslosenhilfe gezahlt wurden,
- **Altersrente für langjährig Versicherte:** Die Altersrente für langjährig Versicherte gibt es für Personen, die mindestens 35 Jahre in der Rentenversicherung zurückgelegt haben. Wurde der Versicherte nach 1948 und vor 1964 geboren, wird die Altersgrenze stufenweise angehoben. Wurde er 1964 oder später geboren, liegt sie bei 67. Die Altersrente kann mit einem Abschlag auch ab 63 vorzeitig in Anspruch genommen werden.
- **Grundsicherung im Alter:** Anspruch auf Grundsicherung im Alter haben Personen, die bei Erreichen der Altersgrenze ihren notwendigen Lebensunterhalt nicht ausreichend oder überhaupt nicht aus eigenen Kräften und Mitteln, insbesondere aus ihrem Einkommen und Vermögen, sicherstellen können. Die Leistung ist abhängig von der Bedürftigkeit. Grundsicherung wird unabhängig davon gezahlt, ob der Berechtigte bereits eine Altersrente bezieht.

ALTERSRENTEN DER GESETZLICHEN RENTENVERSICHERUNG

Für die verschiedenen Arten von Altersrenten müssen jeweils besondere Voraussetzungen erfüllt werden. Dazu gehören unterschiedliche Mindestversicherungszeiten (Wartezeiten), ein bestimmtes Lebensalter und weitere Bedingungen.

REGELALTERSRENTE

Regelaltersrente erhält der Versicherte, wenn er das 67. Lebensjahr erreicht hat. Für vor 1947 geborene Versicherte liegt die Regelaltersgrenze bei 65 Jahren. Für danach geborene Versicherte erhöht sie sich schrittweise. Für die Jahrgänge 1947 bis 1958 erfolgt die Anhebung in Einmonatsschritten, für Versicherte der Jahrgänge 1959 bis 1963 in zweimonatigen Schritten. Für 1964 und später geborene Versicherte liegt die Regelaltersgrenze dann beim 67. Lebensjahr.

Vertrauensschutz genießen Versicherte, die vor 1955 geboren wurden und mit ihrem Arbeitgeber Altersteilzeit nach dem Altersteilzeitgesetz vereinbart haben. Für sie verbleibt es bei der Regelaltersgrenze von 65 Jahren.

Tipp

Wer die Regelaltersgrenze erreicht, aber noch keine Rente beantragt hat, erhöht seinen Rentenanspruch – auch ohne weitere Beitragszahlung. Quasi als Ausgleich gibt es zur späteren Altersrente einen Zuschlag von 0,5 Prozent für jeden Kalendermonat, den die Rente nach Erreichen der Regelaltersgrenze nicht in Anspruch genommen wird. Das sind nach einem Jahr immerhin sechs Prozent.

Die Zahlung der Regelaltersrente setzt eine Mindestversicherungszeit (Wartezeit) von fünf Jahren (60 Beitragsmonate) voraus. Dabei werden auch Zeiten aus einem Versorgungsausgleich oder aus Minijobs berücksichtigt. Die Wartezeit gilt auch als erfüllt, wenn der Versicherte bis zum Erreichen der Regelaltersgrenze eine Rente wegen verminderter Erwerbsfähigkeit oder eine Erziehungsrente bezogen hat.

10

ALTERSRENTE FÜR LANGJÄHRIG VERSICHERTE

Für Versicherte, die vor 1949 geboren sind, ist die maßgebende Altersgrenze das 65. Lebensjahr. Sie können die Altersrente für langjährig Versicherte zwar zwischen dem 63. Lebensjahr und dem 65. Lebensjahr beanspruchen, für jeden Monat vor dem 65. Lebensjahr erfolgt dann jedoch ein Abschlag von 0,3 Prozent, maximal sind es 7,2 Prozent. Für nach 1948 und vor 1964 geborene Versicherte wird die Altersgrenze schrittweise angehoben. Für die Jahrgänge 1949 bis 1958 erfolgt die Anhebung in Einmonatsschritten, für Versicherte der Jahrgänge 1959 bis 1963 in Zweimonatsschritten.

Für 1964 und später geborene Versicherte liegt die Altersgrenze dann beim 67. Lebensjahr. Sie können die Altersrente für langjährig Versicherte zwar bereits ab dem 63. Lebensjahr beanspruchen, der Abschlag beträgt dann aber 14,4 Prozent.

Mindestversicherungszeit

Der Bezug der Rente für langjährig Versicherte setzt eine Mindestversicherungszeit (Wartezeit) von 35 Jahren voraus.

ALTERSRENTE FÜR BESONDERS LANGJÄHRIG VERSICHERTE

Mit dem Rentenversicherungs-Leistungsverbesserungsgesetz wurde die Altersrente für besonders langjährig Versicherte überarbeitet. Versicherte, die vor dem 1. Januar 1953 geboren sind und 45 Jahre mit Pflichtbeiträgen für eine versicherte Beschäftigung, Tätigkeit oder Berücksichtigungszeiten vorweisen können, können seit 1. Juli 2014 die Altersrente bereits mit 63 ohne Abschläge in Anspruch nehmen.

Angehobene Altersgrenzen bei Versicherten, nach 1952 geboren

Versicherte Geburtsjahr	Anhebung um Monate	auf Alter
1953	2	63 Jahre + 2 Monate
1954	4	63 Jahre + 4 Monate
1955	6	63 Jahre + 6 Monate
1956	8	63 Jahre + 8 Monate
1957	10	63 Jahre + 10 Monate
1958	12	64 Jahre + 0 Monate
1959	14	64 Jahre + 2 Monate
1960	16	64 Jahre + 4 Monate
1961	18	64 Jahre + 6 Monate
1962	20	64 Jahre + 8 Monate
1963	22	64 Jahre + 10 Monate
ab 1964	24	65 Jahre + 0 Monate

Pflichtbeitragszeiten

Zu den Pflichtbeitragszeiten zählen auch Pflichtbeiträge aus Kindererziehung, nicht erwerbsmäßiger Pflege, Krankengeldbezug sowie Wehr- und Zivildienst. Berücksichtigungszeiten können für die Erziehung eines Kindes bis zu dessen vollendetem zehnten Lebensjahr und für Zeiten der nicht erwerbsmäßigen Pflege von Januar 1992 bis März 1995 angerechnet werden. Zudem werden auch Zeiten aus Minijobs angerechnet. Nicht berücksichtigt werden Pflichtbeiträge, die wegen des Bezugs von Arbeitslosengeld II oder Arbeitslosenhilfe gezahlt wurden, und Zeiten aus einem Versorgungsausgleich sowie aus einem Rentensplitting unter Ehegatten oder eingetragenen Lebenspartnern.

ALTERSRENTE FÜR SCHWERBEHINDERTE MENSCHEN

Eine Altersrente für schwerbehinderte Menschen erhalten Versicherte, die schwerbehindert sind oder – bei vor 1951 geborenen Versicherten – vor dem vor 2001 geltenden Recht berufs- oder erwerbsunfähig sind. Die Schwerbehinderung muss bei Beginn der Rente bestehen. Schwerbehindert sind alle Personen mit einem Grad der Behinderung (GdB) von mindestens 50 (höchstmöglicher GdB = 100). Die Schwerbehinderung muss durch einen Schwerbehindertenausweis nachgewiesen werden.

Abschläge

Für vor 1952 Geborene liegt die Altersgrenze für die Rente bei 63 Jahren. Sie kann aber vorzeitig mit einem Abschlag von 10,8 Prozent ab 60 bezogen werden. Wurde der Versicherte in der Zeit nach 1951 und vor 1964 geboren, wird die Altersgrenze für eine abschlagsfreie Rente stufenweise angehoben. Für die Jahrgänge 1952 bis 1958 erfolgt die Anhebung in Einmonatsschritten, für Versicherte der Jahrgänge 1959 bis 1963 in Zweimonatsschritten. Für 1964 und später geborene Versicherte liegt die Altersgrenze dann beim 65. Lebensjahr.

Wurde der Versicherte vor 1955 geboren, hat er mit seinem Arbeitgeber vor dem 1. Januar 2007 Altersteilzeitarbeit nach dem Altersteilzeitgesetz vereinbart und war er am 1. Juli 2007 schwerbehindert, bleibt es beim 63. Lebensjahr als Altersgrenze. Wurde der Versicherte vor dem 17. November 1950 geboren und war er am 16. November 2000 schwerbehindert, berufs- oder erwerbsunfähig, konnte er bereits ab seinem 60. Lebensjahr ohne Abschlag die Rente beanspruchen.

Wartezeit

Voraussetzung für die Altersrente für schwerbehinderte Menschen ist eine Mindestversicherungszeit (Wartezeit) von 35 Jahren. Dabei werden alle Monate mit rentenrechtlichen Zeiten angerechnet. Diese umfassen sogenannte Beitragszeiten, beitragsfreie Zeiten und Berücksichtigungszeiten. Beitragszeiten sind Monate, die mit Beiträgen belegt sind; das heißt, der Versicherte hat in die Rentenversicherung eingezahlt. Zu den beitragsfreien Zeiten zählen u. a. Anrechnungszeiten (z. B. Krankheit, Arbeitslosigkeit, Schulbildung, jeweils unter bestimmten Voraussetzungen). Eine Berücksichtigungszeit ist die Zeit der Erziehung eines Kindes bis zu dessen vollendetem zehnten Lebensjahr.

ALTERSRENTE WEGEN ARBEITSLOSIGKEIT ODER NACH ALTERSTEILZEIT

Diese Altersrente erhalten Versicherte, wenn sie vor 1952 geboren wurden und eine Versicherungszeit (Wartezeit) von mindestens 15 Jahren erfüllen und

- bei Beginn der Rente arbeitslos sind und nach Vollendung eines Lebensalters von 58 Jahren und sechs Monaten insgesamt 52 Wochen arbeitslos waren oder
- mindestens 24 Monate Altersteilzeitarbeit nach dem Altersteilzeitgesetz ausgeübt haben.

Außerdem muss der Versicherte innerhalb der letzten zehn Jahre vor Beginn der Rente mindestens acht Jahre Pflichtbeiträge für eine versicherte Beschäftigung oder Tätigkeit gezahlt haben.

Abschläge

Ohne Abschläge wird die Altersrente wegen Arbeitslosigkeit oder nach Altersteilzeit erst ab dem 65. Lebensjahr gezahlt. Für jeden Monat der vorzeitigen Inanspruchnahme erfolgt ein Abschlag von 0,3 Prozent. Die nach 1948 geborenen Versicherten können die Rente frühestens mit dem 63. Lebensjahr beanspruchen.

Für Jahrgänge vor 1952 wurde in Verbindung mit Arbeitslosigkeit am 1. Januar 2004 oder mit einer Vereinbarung über eine Altersteilzeitbeschäftigung keine Anhebung der Altersgrenze vorgenommen. Diese Versicherten können aus Gründen des Vertrauensschutzes auch weiterhin vor 63 – frühestens mit 60 und mit Abschlägen von bis zu 18 Prozent – in Rente gehen.

ALTERSRENTE FÜR FRAUEN

Diese Altersrente können nur noch Frauen beanspruchen, die vor 1952 geboren sind. Die maßgebende Altersgrenze ist das 65. Lebensjahr. Die Rente kann vor dem 65. Lebensjahr mit einem monatlichen Abschlag von 0,3 Prozent in Anspruch genommen werden.

Wartezeit

Die Mindestversicherungszeit (Wartezeit) beträgt 15 Jahre. Zu den für die Versicherungsdauer bedeutsamen Zeiten gehören auch die Phasen, in denen die Versicherte beispielsweise eine Sozialleistung erhalten, eine pflegebedürftige Person nicht erwerbsmäßig gepflegt, Kinder erzogen oder Pflichtbeiträge aus aufgestockten Minijobs gezahlt hat.

KRANKENVERSICHERUNG DER RENTNER

Auch wer in den Ruhestand tritt, muss Beiträge zur gesetzlichen Krankenversicherung zahlen. Welche Einkünfte bei der Beitragsbemessung zugrunde gelegt werden, richtet sich danach, ob die krankenversicherte Person pflichtversichert oder freiwillig krankenversichert ist. Und je nach Art der Einnahmen muss der Rentenbezieher die Beiträge nur teilweise oder allein tragen.

Vorsicht

Wer eine Rente erhält und krankenversicherungspflichtig ist, muss in der Regel auch Beiträge zur sozialen Pflegeversicherung zahlen. Diese Beiträge muss der Rentner in voller Höhe allein tragen.

Beitragspflichtige Einnahmen pflichtversicherter Rentner sind nur bis zur Höhe der Beitragsbemessungsgrenze beitragspflichtig. 2019 liegt diese bei 4.537,50 Euro monatlich (54.450 Euro im Jahr). Der Teil der Einnahmen, der diesen Betrag überschreitet, ist beitragsfrei. Die Beitragshöhe richtet sich nach dem allgemeinen Beitragssatz. Dieser ist kassenübergreifend gleich und beträgt 14,6 Prozent. Von diesem Beitrag zahlen der Rentenversicherungsträger und der Rentenempfänger jeweils die Hälfte, also je 7,3 Prozent.

Wer eine Rente bezieht und freiwillig bei einer gesetzlichen Krankenkasse oder privat krankenversichert ist, muss seine Beiträge selbst an die Krankenversicherung überweisen. Beim Rentenversicherungsträger kann ein Zuschuss zu den Krankenversicherungsbeiträgen beantragt werden.

RENTENANTRAG

Alle Renten aus der gesetzlichen Rentenversicherung werden nur auf Antrag gezahlt. Mit dem Antrag wird das Rentenverfahren beim zuständigen Rentenversicherungsträger eingeleitet. In allen größeren Städten gibt es Auskunfts- und Beratungsstellen der Rentenversicherungsträger, deren Mitarbeiter beim Ausfüllen der Vordrucke behilflich sind. Der Antrag kann auch vom Versicherten selbst online ausgefüllt und abgeschickt werden.

Tipp

Bei einem geklärten Rentenkonto reicht es, wenn der Rentenantrag drei Monate vor dem beabsichtigten Rentenbeginn gestellt wird. In Verbindung mit Versicherungszeiten im Ausland sollten es vier Monate sein. Bei einem ungeklärten Rentenkonto sollte man, abhängig von den zur Verfügung stehenden Unterlagen, mindestens vier bis fünf Monate einplanen.

Wird der Antrag innerhalb von drei Monaten nach Erreichen der jeweiligen Altersgrenze gestellt, beginnt die Rente mit dem Ablauf des Monats, in dem die Voraussetzungen erfüllt sind. Andernfalls erfolgt die erste Rentenzahlung erst für den Monat, in dem der Antrag gestellt wurde.

Tipp

Wenn das gesamte Einkommen unter 838 Euro im Monat liegt, sollte geprüft werden, ob ein Anspruch auf Grundsicherung besteht.

GRUNDSICHERUNG IM ALTER

Anspruch auf Grundsicherung im Alter haben Personen, die bei Erreichen der Altersgrenze (siehe Seite 172) ihren notwendigen Lebensunterhalt nicht ausreichend oder überhaupt nicht aus eigenen Kräften und Mitteln, insbesondere aus ihrem Einkommen und Vermögen, sicherstellen können. Die Leistung ist abhängig von der Bedürftigkeit. Eigenes Einkommen und Vermögen sind zu berücksichtigen. Grundsicherung wird unabhängig davon gezahlt, ob der Berechtigte bereits eine Altersrente bezieht.

Die Grundsicherung ist keine Rente. Sie wird aus Steuermitteln finanziert und vom Sozialhilfeträger gezahlt. Die Grundsicherung tritt an die Stelle der Hilfe zum Lebensunterhalt (siehe Seite 198 ff.), wenn aus Altersgründen nicht mehr erwartet werden kann, dass die materielle Notlage einer Person durch Ausübung einer Erwerbstätigkeit überwunden wird.

Die Ausgestaltung der Grundsicherung entspricht, abgesehen von dem Verzicht auf den Unterhaltsrückgriff, der Hilfe zum Lebensunterhalt. Leistungen der Grundsicherung erhalten auch bedürftige Personen, die dauerhaft voll erwerbsgemindert sind. Es gelten dieselben gesetzlichen Regelungen. Insoweit kann auf die Ausführungen über die Grundsicherung bei Erwerbsminderung auf den Seiten 167 ff. verwiesen werden.

Tipp

Informationen dazu, welche finanziellen Hilfen Sie erwarten können, falls Ihre Rente zu knapp ist, finden Sie in dem Ratgeber „Wenn die Rente nicht reicht", www.ratgeber-verbraucherzentrale.de.

11

LEISTUNGEN AN HINTERBLIEBENE

Der Tod des Ehegatten oder der Eltern kann Angehörige in wirtschaftliche Schwierigkeiten bringen. Hier hilft die gesetzliche Rentenversicherung mit verschiedenen Leistungen. Der überlebende Ehegatte erhält Witwen- oder Witwerrente, Kinder unter 18 Jahren haben Anspruch auf Waisenrente. Geschiedene, die ein minderjähriges Kind erziehen, können Erziehungsrente erhalten. Wenn der Ehegatte bzw. Vater oder Mutter durch einen Arbeitsunfall oder eine Berufskrankheit ums Leben kommen, springt die gesetzliche Unfallversicherung für die finanzielle Versorgung von Hinterbliebenen ein.

KURZ & BÜNDIG

- **Sterbevierteljahr**: Für eine Übergangszeit von drei Monaten nach dem Todesfall, das sogenannte Sterbevierteljahr, zahlt die gesetzliche Rentenversicherung die Rente des Verstorbenen an den Partner in voller Höhe aus. Dann entscheidet sich, ob entweder das alte oder das neue Recht Anwendung findet und ob die große oder kleine Witwenrente ausgezahlt wird.
- **Witwen-/Witwerrente:** Die typische Hinterbliebenenrente ist die Witwen-/Witwerrente. Diese Rente bekommt, wer bis zum Tod des Partners mit ihm verheiratet war oder in einer eingetragenen Lebenspartnerschaft gelebt hat.
- **Höhe der Witwen-/Witwerrente:** Wie hoch die Witwen-/Witwerrente ist, hängt von verschiedenen Faktoren ab. Am häufigsten wird die große Witwenrente nach altem Recht ausgezahlt. Sie beträgt 60 Prozent der Rente des Verstorbenen. Bei jüngeren Ehen sind es 55 Prozent plus Kinderzuschläge.
- **Erziehungsrente:** Auch Geschiedene können eine Rente erhalten, wenn sie ein Kind erziehen und ihr geschiedener Ehepartner stirbt. Diese Rente dient als Unterhaltsersatz und erlaubt es, sich verstärkt um die Erziehung der Kinder zu kümmern.
- **Waisenrente:** Anspruch auf eine Waisenrente besteht für Kinder, wenn mindestens ein Elternteil verstirbt, der verstorbene Elternteil die allgemeine Wartezeit erfüllt und das Kind eine bestimmte Altersgrenze nicht überschritten hat. Eine Halbwaisenrente wird gezahlt, wenn noch ein unterhaltspflichtiger Elternteil, eine Vollwaisenrente, wenn kein unterhaltspflichtiger Elternteil mehr lebt.

LEISTUNGEN DER GESETZLICHEN RENTENVERSICHERUNG

Stirbt der Ehepartner, kann ein Anspruch auf Witwen- oder Witwerrente bestehen. Geschiedene, die ein minderjähriges Kind erziehen, können nach dem Tod des Ex-Partners eine Erziehungsrente erhalten. Verlieren Kinder unter 18 Jahren einen Elternteil, können sie eine Waisenrente bekommen.

WITWEN-/WITWERRENTE

Witwen bzw. Witwer können unter Anrechnung von eigenem Einkommen Anspruch auf Hinterbliebenenrente haben. Dabei ist zu unterscheiden, ob sich der Anspruch aus dem alten oder dem neuen Hinterbliebenenrecht begründet.

Altes Recht

Das alte Hinterbliebenenrecht gilt, wenn

- der Ehegatte vor dem 1. Januar 2002 verstorben ist oder
- der Ehegatte nach dem 31. Dezember 2001 verstorben ist, die Ehe aber vor dem 1. Januar 2002 geschlossen wurde und ein Ehepartner vor dem 2. Januar 1962 geboren ist.

Neues Recht

Das neue Hinterbliebenenrecht gilt, wenn

- die Ehe nach dem 31. Dezember 2001 geschlossen wurde oder
- bei früherer Eheschließung einer der Ehepartner nach dem 1. Januar 1962 geboren wurde.

Die Frage, welches Hinterbliebenenrecht anzuwenden ist, hat sowohl Bedeutung für die Art des zu berücksichtigenden Einkommens als auch bei der kleinen Witwen-/Witwerrente für den Rentenanspruch selbst sowie für dessen Höhe.

11

Voraussetzungen

Anspruch auf Witwen-/Witwerrente besteht grundsätzlich nur, wenn die Ehe bis zum Tod des Partners bestand oder eine eingetragene Lebenspartnerschaft begründet war. Für ab dem 1. Januar 2002 geschlossene Ehen wird eine Witwen-/Witwerrente nur noch gezahlt, wenn die Ehe mindestens ein Jahr bestanden hat. Witwen-/Witwerrente wird gezahlt, wenn der verstorbene Partner die allgemeine Wartezeit von fünf Jahren (Mindestversicherungszeit) erfüllt und der Überlebende nicht wieder geheiratet hat. Im Übrigen ist zwischen der kleinen und der großen Witwen-/Witwerrente zu unterscheiden.

Kleine Witwen-/Witwerrente

Anspruch auf die kleine Witwen-/Witwerrente besteht, wenn

- das 47. Lebensjahr noch nicht vollendet wurde,
- keine Erwerbsminderung vorliegt und
- die Ehe kinderlos war.

Große Witwen-/Witwerrente

Anspruch auf die große Witwen-/Witwerrente besteht, wenn

- das 47. Lebensjahr vollendet wurde (nach dem alten Recht liegt die Altersgrenze beim 45. Lebensjahr, wenn der Ehegatte vor 2012 verstorben ist. Ist der Ehegatte nach 2011 verstorben, erfolgt eine Anhebung der Altersgrenze um einen Monat pro Jahr in der Zeit bis 2023. In der Zeit nach 2023 sind es zwei Monate pro Jahr. Ab 2029 gilt das 47. Lebensjahr.) oder
- eine Erwerbsminderung vorliegt oder nach dem am 31. Dezember 2000 geltenden Recht Berufs- oder Erwerbsunfähigkeit eingetreten ist oder
- ein eigenes Kind oder ein Kind des verstorbenen Ehegatten erzogen wird, das das 18. Lebensjahr noch nicht vollendet hat.

Wenn die Ehe vor dem 1. Juli 1977 geschieden wurde, besteht unter Umständen Anspruch auf Geschiedenen-Witwen-/

Witwerrente. Auch diese Rente wird als kleine oder große Rente gezahlt.

Wenn der Versicherte die allgemeine Wartezeit von fünf Jahren (Mindestversicherungszeit) erfüllt hat und nach dem 30. April 1942 gestorben ist, dann erhält der Hinterbliebene eine kleine Geschiedenen-Witwen-/Witwerrente, wenn er nicht wieder geheiratet hat und im letzten Jahr vor dem Tod des geschiedenen Ehegatten (Versicherter) Unterhalt von diesem erhalten hat oder einen Anspruch hierauf hatte. Die Zahlung der kleinen Geschiedenen-Witwen-/Witwerrente ist nicht auf zwei Jahre begrenzt.

Tipp

Wegen der vielen Voraussetzungen ist die Klärung des Rentenanspruchs recht kompliziert. Eine fachkundige Beratung beim Rentenversicherungsträger ist deshalb empfehlenswert.

Die große Geschiedenen-Witwen-/Witwerrente steht dem hinterbliebenen geschiedenen Ehegatten zu, wenn die Voraussetzungen wie für die kleine Witwen-/Witwerrente vorliegen. Zusätzlich muss er ein eigenes Kind oder ein Kind des Verstorbenen erziehen, das 45. Lebensjahr vollendet haben, erwerbsgemindert sein, vor dem 2. Januar 1961 geboren und berufsunfähig sein oder am 31. Dezember 2000 bereits berufsunfähig oder erwerbsunfähig gewesen und dies ununterbrochen sein.

Höhe

Maßgebend für die Höhe der Witwen-/Witwerrente ist die Rente, auf die der verstorbene Versicherte zum Zeitpunkt seines Todes Anspruch gehabt hätte oder gehabt hat.

Vorsicht

Die Anhebung der Regelaltersgrenzen hat auch Auswirkungen auf die Hinterbliebenenrente. Wenn der Ehegatte vor dem 65. Lebensjahr verstirbt, wird die Hinterbliebenenrente um einen Abschlag gemindert. Maßgebend für die Höhe des Abschlags ist der Zeitpunkt des Todes des Versicherten. Der Abschlag beträgt maximal 10,8 Prozent.

Die kleine Witwen-/Witwerrente beträgt 25 Prozent dieser Rente, die große Witwen-/Witwerrente 55 Prozent. Besteht noch Anspruch nach altem Hinterbliebenenrecht (siehe oben), sind es bei der großen Witwen-/Witwerrente 60 Prozent. Für die auf den Sterbemonat folgenden drei Monate, auch „Sterbevierteljahr“ genannt, erhält die

Witwe bzw. der Witwer die Witwen-/Witwerrente in voller Höhe der Versichertenrente. Nach neuem Hinterbliebenenrecht wird noch für die Erziehung eines Kindes bis zum dritten Lebensjahr ein Kinderzuschlag gezahlt.

Anrechnung von Einkommen

Weitere Einkünfte der Witwe bzw. des Witwers neben der Hinterbliebenenrente werden oberhalb eines bestimmten Freibetrags zu 40 Prozent auf die Witwen-/Witwerrente angerechnet. Als Einkommen werden berücksichtigt:

Einkommen aus Erwerbstätigkeit, beispielsweise aus abhängiger Beschäftigung oder selbstständiger Tätigkeit, Erwerbsersatzeinkommen, wie z. B. Krankengeld oder Arbeitslosengeld,

Rente aus der gesetzlichen Rentenversicherung oder eigene Beamtenpension. Nur nach neuem Hinterbliebenenrecht wird zusätzliches Einkommen angerechnet. Dazu gehören auch Betriebsrenten wie z. B. aus der Zusatzversorgung des öffentlichen Dienstes, private Versorgungsrenten oder Einnahmen aus Kapitalvermögen.

Freibetrag

Einkommen wirkt sich auf die Witwen-/Witwerrente jedoch nur aus, wenn ein bestimmter Freibetrag überschritten wird. Er beträgt in den alten Bundesländern monatlich 845,59 Euro und in den neuen Bundesländern monatlich 810,22 Euro (Stand: Juli 2019). Wer noch Kinder erzieht, für den erhöht sich der Freibetrag für jedes Kind, das Anspruch auf Waisenrente hat oder nur deshalb keinen hat, weil es nicht das Kind des verstorbenen Versicherten ist, um 179,37 Euro in den alten und um 171,86 Euro in den neuen Bundesländern (Stand: 2019).

Pauschaler Abzug für Steuern und Sozialabgaben

Das Bruttoeinkommen wird, abhängig von der Art des Einkommens, durch den Abzug eines gesetzlichen Pauschalwerts auf einen Nettobetrag gebracht. Bei einer abhängigen Beschäftigung als Arbeitnehmer werden von dem Bruttogehalt pauschal für Steuern und Sozialabgaben 40 Prozent unterstellt – und zwar

STERBEGELD

Führt der Versicherungsfall zum Tod des Versicherten, erhalten die Hinterbliebenen ein pauschales Sterbegeld. Es beträgt den siebten Teil der im Zeitpunkt des Todes geltenden Bezugsgröße (2019: 5.340 Euro West, 4.920 Euro Ost). Haben nicht die Hinterbliebenen, sondern außenstehende Dritte die Kosten der Bestattung getragen, werden ihnen die tatsächlich entstandenen Kosten bis zur Höhe des Sterbegelds erstattet.

HINTERBLIEBENENRENTEN

Aus der gesetzlichen Unfallversicherung können den Hinterbliebenen eine Witwen-/Witwerrente, dem Kind eine Waisenrente zustehen.

Witwen-/Witwerrente

Witwen- oder Witwerrente wird gezahlt, solange die hinterbliebenen Ehepartner nicht wieder geheiratet haben oder eine eingetragene Lebenspartnerschaft eingegangen sind. Für die Höhe der Rente sind das Alter der Witwe oder des Witwers, deren Erwerbs- bzw. Berufsfähigkeit und die Zahl der Kinder maßgebend.

Vorsicht

Die Renten aller Hinterbliebenen dürfen 80 Prozent des Jahresarbeitsverdiensts des Versicherten nicht überschreiten. Als Jahresarbeitsverdienst gelten das Arbeitsentgelt und das Arbeitseinkommen in den letzten zwölf Kalendermonaten vor dem Versicherungsfall.

Um die Umstellung auf den fehlenden Unterhalt zu erleichtern, wird für den Sterbemonat (ab dem Todestag) und die folgenden drei Kalendermonate eine erhöhte Rente ausgezahlt. Sie beträgt zwei Drittel des Jahresarbeitsverdienstes.

Witwen und Witwer erhalten für die Dauer von höchstens zwei Jahren 30 Prozent des Jahresarbeitsverdienstes des Verstorbenen nach Ablauf des dritten Kalendermonats (kleine Witwen-/Witwerrente).

Als große Witwen-/Witwerrente werden auf Dauer 40 Prozent des Jahresarbeitsverdienstes des Verstorbenen gezahlt,

- solange die Witwe oder der Witwer ein waisenrentenberechtigtes Kind erzieht oder für ein Kind sorgt, das wegen körperlicher, geistiger oder seelischer Behinderung Anspruch auf Waisenrente hat oder nur deswegen nicht hat, weil das 27. Lebensjahr vollendet wurde,
- wenn die Witwe bzw. der Witwer das 47. Lebensjahr vollendet hat oder
- solange die Witwe oder der Witwer erwerbsgemindert, erwerbs- oder berufsunfähig ist.

Vorsicht
Auf die Renten wird das über einem bestimmten Freibetrag liegende eigene Einkommen teilweise angerechnet.

Witwen-/Witwerrente an früheren Ehegatten

Auch der frühere Ehegatte hat Anspruch auf eine Rente, wenn der verstorbene Ex-Partner während der letzten Jahre vor seinem Tod Unterhalt geleistet hat oder unterhaltspflichtig war. Sind mehrere Berechtigte vorhanden, erhält jeder von ihnen den Teil der Rente, der im Verhältnis zu den anderen Berechtigten der Dauer seiner Ehe mit dem Verstorbenen entspricht.

Waisenrente

Voraussetzungen

Kinder des Verstorbenen erhalten bis zur Vollendung des 18. Lebensjahrs eine Vollwaisenrente, wenn sie keine Eltern mehr haben, und eine Halbwaisenrente, wenn noch ein Elternteil lebt. Die Waisenrente wird über das 18. Lebensjahr hinaus bis zum 27. Lebensjahr gezahlt, wenn

- das Kind eine Schul- oder Berufsausbildung macht,
- ein freiwilliges soziales/ökologisches Jahr im Sinne des Jugendfreiwilligendienstgesetzes oder einen Dienst nach dem Bundesfreiwilligendienstgesetz leistet oder
- sich wegen körperlicher, geistiger oder seelischer Behinderung nicht selbst unterhalten kann.

Die Waisenrente beträgt für eine Halbwaise 20 Prozent, für eine Vollwaise 30 Prozent des Jahresarbeitsverdienstes des Verstorbenen.

Elternrente

Eine besondere Rente der gesetzlichen Unfallversicherung ist die „Rente an Verwandte der aufsteigenden Linie". Diese Rente wird auch als „Elternrente" bezeichnet. Dabei handelt es sich um eine Hinterbliebenenrente, die eine Unterhaltsersatzfunktion für die Angehörigen erfüllt.

Erheblicher Unterhalt

Anspruch auf die Rente an Verwandte der aufsteigenden Linie besteht, wenn der Verstorbene zur Zeit des Todes aus seinem Arbeitsentgelt oder -einkommen die Hinterbliebenen entweder wesentlich unterhalten hat oder diese ohne den Versicherungsfall wesentlich unterhalten worden wären. Der Unterhalt gilt als wesentlich, wenn dadurch eine auskömmliche Lebensführung ermöglicht wird. Dabei muss der geschuldete Unterhalt so erheblich sein, dass sich die Situation der Berechtigten durch die Unterhaltsleistungen des Verstorbenen entscheidend verbessert hat. Als Hinterbliebene kommen insbesondere die Eltern und Großeltern in Betracht.

Die Rente beträgt 20 Prozent des Jahresarbeitsverdienstes für einen Elternteil und 30 Prozent des Jahresarbeitsverdienstes für ein Elternpaar. Das Gesetz legt für die Berechnung der Rente eine Obergrenze (Höchstjahresarbeitsverdienst) fest. Die Rente wird solange gezahlt, wie von den Hinterbliebenen ein Unterhaltsanspruch wegen Unterhaltsbedürftigkeit – ohne den Tod – hätte geltend gemacht werden können.

WITWEN-/WITWER- UND WAISENBEIHILFE

Witwen bzw. Witwer erhalten eine einmalige Beihilfe von 40 Prozent des Jahresarbeitsverdienstes des Versicherten, wenn kein Anspruch auf Hinterbliebenenrente besteht, weil der Tod des Versicherten nicht Folge eines Versicherungsfalls war und der Verstorbene Anspruch auf eine Rente nach einer Minderung der Erwerbsfähigkeit von 50 Prozent und mehr hatte.

Waisenbeihilfe

Vollwaisen haben diesen Anspruch, wenn sie zur Zeit des Todes des Versicherten mit diesem in häuslicher Gemeinschaft gelebt haben und von ihm überwiegend unterhalten worden sind. Unter mehreren Waisen wird die Waisenbeihilfe gleichmäßig verteilt.

In besonderen Härtefällen kann statt der einmaligen Ausgleichszahlung laufende Beihilfe gewährt werden. Das ist dann der Fall, wenn der verstorbene Versicherte länger als zehn Jahre eine Verletztenrente von 80 Prozent oder mehr der Vollrente wegen einer Minderung seiner Erwerbsfähigkeit erhalten hat.

12

SOZIALHILFE – ZUR FÜHRUNG EINES MENSCHENWÜRDIGEN LEBENS

Die gesetzliche Sozialversicherung leistet, wenn Menschen durch einen Unfall, durch Krankheit, Behinderung, Pflegebedürftigkeit, Arbeitslosigkeit oder durch den Tod eines Angehörigen in Not geraten und staatlicher Hilfe bedürfen. Was aber, wenn eine Notlage eintritt, die nicht oder nicht vollständig von der staatlichen Vorsorge abgedeckt wird oder wenn das Erwerbseinkommen für den Lebensunterhalt nicht reicht? Wenn man sich nicht selbst helfen kann und auch kein anderer hilft, springt die Sozialhilfe ein.

KURZ & BÜNDIG

- **Nachrangige Hilfe:** Sozialhilfe erhält nur, wer seinen notwendigen Bedarf nicht selbst durch eigenes Einkommen und Vermögen sowie durch den Einsatz seiner Arbeitskraft oder durch Mittel anderer (insbesondere Angehöriger oder durch andere Sozialleistungen wie z. B. Leistungen der Arbeitsförderung) decken kann. Leistungen der Sozialhilfe werden nur nachrangig gewährt.
- **Hilfe zum Lebensunterhalt:** Hilfe zum Lebensunterhalt ist Personen zu leisten, die ihren notwendigen Lebensunterhalt nicht oder nicht ausreichend aus eigenen Kräften und Mitteln, insbesondere aus ihrem eigenen Einkommen und Vermögen, bestreiten können. Der notwendige Lebensunterhalt umfasst u.a. Ernährung, Kleidung, Körperpflege, Hausrat, persönliche Bedürfnisse des täglichen Lebens sowie Unterkunft und Heizung.
- **Regelbedarf:** Der Regelbedarf umfasst den für die Gewährleistung des Existenzminimums notwendigen Lebensunterhalt. Zur Deckung der Regelbedarfe bestehen sogenannte Regelsätze, die die Höhe der Hilfe zum Lebensunterhalt bestimmen.
- **Mehrbedarfe:** Für Personen, die generell einen über dem Regelbedarf liegenden Bedarf haben (z. B. werdende Mütter nach Ablauf der zwölften Schwangerschaftswoche), wird ein pauschaler Mehrbedarf gewährt, ohne dass ein besonderer Hilfebedarf nachgewiesen werden muss.
- **Einmalige Leistungen:** Neben den laufenden Leistungen der Hilfe zum Lebensunterhalt werden einmalige Leistungen gesondert erbracht, so etwa die Erstausstattung für Bekleidung bei Schwangerschaft und Geburt (z. B. Kinderwagen und Babyausstattung).

GRUNDSÄTZE DES SOZIALHILFERECHTS

Die Sozialhilfe schützt als unterstes Netz vor Armut, sozialer Ausgrenzung und besonderen Belastungen. Sie sichert die von der regelmäßigen Vorsorge (Sozialversicherung) nicht oder nicht vollständig erfassten Lebensrisiken ab. Aufgabe der Sozialhilfe ist es, Hilfebedürftigen eine menschenwürdige Lebensführung zu ermöglichen.

NACHRANGIGE HILFE

Sozialhilfe erhält nur, wer seinen notwendigen Bedarf nicht selbst durch eigenes Einkommen und Vermögen sowie durch den Einsatz seiner Arbeitskraft oder durch Mittel anderer (insbesondere Angehöriger oder durch andere Sozialleistungen) decken kann. Verpflichtungen anderer, insbesondere Träger anderer Sozialleistungen oder Unterhaltspflichtiger, bleiben rechtlich unberührt. Ansprüche, beispielsweise auf Leistungen der gesetzlichen Krankenversicherung, der sozialen Pflegeversicherung oder der Arbeitsförderung haben grundsätzlich Vorrang vor Leistungen der Sozialhilfe. Der Hilfebedürftige kann also auch nicht auf vorrangige Sozialleistungsansprüche (z.B. Rente, Wohngeld oder Arbeitslosengeld) verzichten. Die Sozialhilfe hat aber auch eine Ergänzungsfunktion, wenn vorrangige Sozialleistungen zur sozialen Sicherung nicht ausreichen.

Tipp

Wenn die gedeckelten Leistungen der sozialen Pflegeversicherung bei einer Unterbringung im Pflegeheim nicht ausreichen, besteht unter Umständen Anspruch auf ergänzende Hilfe zur Pflege, um die Heimkosten zu zahlen (siehe Seite 207 f.).

Weil Sozialhilfe nur nachrangig greift, müssen Hilfesuchende zunächst eigenes Einkommen und Vermögen einsetzen. Die Behörde prüft, wieweit die eigenen Mittel ausreichen, um den Bedarf zu decken. Bei der Hilfe zum Lebensunterhalt (siehe Seite 198 ff.) sind Einkommen und Vermögen grundsätzlich voll einzusetzen, bei Hilfen in anderen Lebenslagen (siehe Seite 205 ff.) hängt diese Entscheidung davon ab, ob der Einsatz zumutbar ist.

INDIVIDUELLE HILFE

Leistungen der Sozialhilfe richten sich nach der Besonderheit des Einzelfalles, insbesondere nach der Art des Bedarfs und den örtlichen Verhältnissen. Die Hilfebedürftigen dürfen Wünsche zur Gestaltung der Leistung äußern. Ihnen soll entsprochen werden, soweit sie angemessen sind. Angemessen ist der Wunsch, wenn er eine menschenwürdige Lebensführung fördert und damit keine unverhältnismäßigen Kosten verbunden sind.

Dem gesetzlich festgelegten Grundsatz der Individualität entspricht es, dass

- die Art der Leistungen auch davon abhängt, wie sich der individuelle Bedarf darstellt,
- es von den individuellen Umständen abhängt, ob die Leistung als Dienst-, Geld- oder Sachleistung erbracht wird (siehe dazu unten),
- vom Regelsatz (siehe dazu Seite 200) nach oben oder unten abgewichen werden muss, wenn der individuelle Bedarf dies im Einzelfall gebietet.

HILFEFORMEN

Leistungen der Sozialhilfe werden als Dienst-, Geld- und Sachleistungen erbracht. Im Vordergrund steht die Dienstleistung. Dazu gehören insbesondere die Beratung in Fragen der Sozialhilfe und die Beratung und Unterstützung in sonstigen sozialen Angelegenheiten. Bei Geldleistungen handelt es sich um einmalige oder laufende Leistungen. Zu den Sachleistun-

Tipp

Die zuständigen Behörden sind gesetzlich verpflichtet, über alle sozialen Angelegenheiten Auskünfte zu erteilen. Die Pflicht umfasst auch, den Hilfebedürftigen die für die Sozialleistungen zuständigen Leistungsträger zu benennen sowie auf alle in diesem Zusammenhang bedeutsamen Sach- und Rechtsfragen hinzuweisen sowie hierzu Auskunft zu erteilen.

gen gehören unter anderem Bekleidung, Hausrat, Versorgung mit Arzneien und Heilmitteln oder Kostenübernahmen verschiedener Art.

KEIN ANTRAG DES BEDÜRFTIGEN NOTWENDIG

Ein Anspruch auf Sozialhilfe entsteht, wenn die gesetzlichen Voraussetzungen dafür vorliegen. Die Sozialhilfe hat demnach dann einzusetzen, wenn der zuständigen Behörde bekannt wird, dass ein Bedarf besteht. Die Gewährung der Sozialhilfe darf nicht von einer förmlichen Antragstellung abhängig gemacht werden. Unerheblich für die Leistungspflicht ist, aus welchen Gründen der Hilfebedürftige in Not geraten ist.

Tipp

Einzelheiten über die Voraussetzungen und die Höhe der jeweiligen Leistungen sind in der Broschüre „Sozialhilfe und Grundsicherung im Alter" nachzulesen. Zu bestellen beim Bundesministerium für Arbeit und Soziales, 11017 Berlin, oder im Internet unter www.bmas.de herunterzuladen.

LEISTUNGEN DER SOZIALHILFE

Die Sozialhilfe umfasst unter anderem:

- Hilfe zum Lebensunterhalt,
- Grundsicherung im Alter und bei Erwerbsminderung (siehe dazu die Seiten 167 f. und 178 f.),
- Hilfen zur Gesundheit,
- Eingliederungshilfen für Menschen mit Behinderung und
- Hilfe zur Pflege.

HILFE ZUM LEBENSUNTERHALT

Hilfe zum Lebensunterhalt ist Personen zu leisten, die ihren notwendigen Lebensunterhalt nicht oder nicht ausreichend aus eigenen Kräften und Mitteln, insbesondere aus ihrem eigenen Einkommen und Vermögen, bestreiten können. Der notwendige Lebensunterhalt umfasst insbesondere Ernährung, Kleidung,

Körperpflege, Hausrat, Haushaltsenergie (ohne die auf Heizung und Erzeugung von Warmwasser entfallenden Anteile), persönliche Bedürfnisse des täglichen Lebens sowie Unterkunft und Heizung. Zu den persönlichen Bedürfnissen des täglichen Lebens gehört in vertretbarem Umfang eine Teilhabe am sozialen und kulturellen Leben in der Gemeinschaft; dies gilt in besonderem Maß für Kinder und Jugendliche.

Tipp

Die Hilfe zum Lebensunterhalt wird insbesondere als Geldleistung erbracht. Zuständig sind die örtlichen Träger der Sozialhilfe, also die Sozialämter in den Stadt-, Kreis- oder Gemeindeverwaltungen.

BERECHTIGTE

Kleiner Personenkreis

Wie auf Seite 196 dargelegt, besteht kein Anspruch auf Sozialhilfe, wenn die erforderliche Hilfe von anderen Sozialleistungsträgern geleistet wird. Da für bedürftige erwerbsfähige Personen im Alter zwischen 15 Jahren und dem Renteneintrittsalter zur Existenzsicherung das SGB II maßgeblich ist (siehe dazu Seite 94 ff.), bleibt nur ein kleiner Personenkreis, der Anspruch auf Hilfe zum Lebensunterhalt haben kann. Zum Kreis der Leistungsberechtigten gehören u. a.:

- Personen, deren Anspruch auf Arbeitslosengeld II endet, weil sie sich voraussichtlich länger als sechs Monate in einer stationären Einrichtung aufhalten,
- Kinder unter 15 Jahren, die in einer Bedarfsgemeinschaft mit Beziehern von Grundsicherung (siehe dazu Seiten 167 f. und 178 ff.) leben (z. B. bei den Großeltern) und ihren Lebensunterhalt vor allem aus Unterhaltsansprüchen nicht sicherstellen können,
- Personen, deren Antrag auf Grundsicherung abgelehnt wird, weil die Sozialhilfebedürftigkeit in den letzten zehn Jahren vorsätzlich oder grob fahrlässig herbeigeführt wurde (in diesem Fall kann der Sozialhilfeträger die Leistung auf das „zum Lebensunterhalt Unerlässliche" kürzen).

BEDÜRFTIGKEIT

Zusammensetzung des Bedarfs

Ausgangspunkt für die Hilfe zum Lebensunterhalt ist der sogenannte Bedarf. Dieser setzt sich aus folgenden Komponenten zusammen:

- dem Regelbedarf,
- angemessenen Kosten der Unterkunft,
- tatsächlichen Heizkosten und
- eventuellen Mehrbedarfen für bestimmte Personengruppen.

Ferner können Beiträge für die Kranken- und Pflegeversicherung und für die Altersvorsorge übernommen werden.

REGELBEDARF UND -SÄTZE

Der gesamte Bedarf des Lebensunterhalts außerhalb von Anstalten, Heimen und gleichartigen Einrichtungen mit Ausnahme von Leistungen der Unterkunft, für Heizung und für Mehrbedarfe (siehe dazu unten) wird nach Regelsätzen gewährt.

Regelsätze (Stand: 1. Januar 2019)

Regelbedarfs stufe	Regelsätze für	Höhe des Regelsatzes (in Euro)
1	volljährige Alleinstehende oder Alleinerziehende	424
2	volljährige Ehe- oder Lebenspartner in einer Bedarfsgemeinschaft (= gemeinsamer Haushalt) jeweils	382
3	sonstige Volljährige in einer Bedarfsgemeinschaft	339
4	Jugendliche vom 14. bis zum 18. Geburtstag jeweils	322
5	Kinder vom 6. bis zum 14. Geburtstag jeweils	302
6	Kinder bis zum 6. Geburtstag jeweils	245

Leistungen für Unterkunft

Der notwendige Lebensunterhalt umfasst auch die Kosten der Unterkunft des Hilfebedürftigen. Diese werden in Höhe der tatsächlichen Aufwendungen erbracht. Sie umfassen bei einer Mietwohnung die Nettomiete und die allgemeinen Nebenkosten (z. B. Müllabfuhr, Entwässerung). Bei Wohnungseigentum gehören zu den Unterkunftskosten unter anderem die Schuldzinsen der Hypotheken, die Beiträge zur Wohngebäudeversicherung, das Hausgeld bei einer Eigentumswohnung und die Nebenkosten wie bei einer Mietwohnung.

12

Vorsicht

Unterkunftskosten werden von der Sozialhilfe nur in „angemessenem Umfang" übernommen. Bei Mietwohnungen richtet sich die Angemessenheit nach der üblichen Miethöhe (z. B. nach dem örtlichen Mietspiegel) und der Größe der Bedarfsgemeinschaft. Welche Wohnungsgröße als angemessen gilt, richtet sich nach den Verwaltungsvorschriften der Bundesländer.

Leistungen für Heizung

Auch Leistungen für Heizung und Warmwasserversorgung werden in tatsächlicher Höhe erbracht, soweit sie angemessen sind. Dabei sind die Umstände des Einzelfalls zu berücksichtigen, insbesondere die Außentemperaturen, die Effektivität der Heizungsanlage, die Isolierung der Wohnung, das Alter und der Gesundheitszustand der Bewohner.

Mehrbedarfe

Besonderer Hilfebedarf

Für Personen, die generell einen über dem Regelbedarf liegenden Bedarf haben, wird ein pauschaler Mehrbedarf gewährt – ohne dass ein Nachweis für diesen besonderen Hilfebedarf geführt werden muss. Dies sind

- Personen, die mindestens 65 Jahre alt sind und bei denen eine Gehbehinderung (Merkzeichen G) bzw. eine außergewöhnliche Gehbehinderung (Merkzeichen aG) festgestellt wurde, erhalten einen Mehrbedarfszuschlag von 17 Prozent ihres maßgebenden Regelsatzes.
- Werdende Mütter haben nach Ablauf der zwölften Schwangerschaftswoche Anspruch auf Anerkennung eines Mehrbe-

darfs in Höhe von 17 Prozent ihres maßgebenden Regelsatzes, soweit nicht im Einzelfall ein abweichender Bedarf besteht. Durch den Mehrbedarf werden der Kauf von Schwangerschaftsbekleidung, Kosten zur Schwangerschaftsvorbereitung, aber auch erhöhte Ernährungskosten abgedeckt.

- Einen Mehrbedarfszuschlag von 35 Prozent ihres maßgebenden Regelsatzes erhalten Behinderte, die das 15. Lebensjahr vollendet haben und die Eingliederungshilfe erhalten (siehe Seite 206 f.).
- Für Kranke, Genesende, Behinderte oder von einer Krankheit oder Behinderung bedrohte Personen ist ein Mehrbedarf in angemessener Höhe anzuerkennen, wenn sie einer kostenaufwendigen Ernährung bedürfen.

Vorsicht

Mehrere Mehrbedarfszuschläge können zusammentreffen. Ihre Summe darf aber die Höhe des für die betreffende Person maßgebenden Regelsatzes nicht überschreiten.

ANRECHNUNG VON EINKOMMEN UND VERMÖGEN

Anspruch auf Hilfe zum Lebensunterhalt haben berechtigte Personen nur, soweit sie ihren Lebensunterhalt nicht aus ihrem Einkommen und/oder Vermögen sicherstellen können. Bevor Sozialhilfe einsetzt, sind Einkommen und Vermögen grundsätzlich vollständig zu verbrauchen – es sei denn, dass Einkommensbestandteile oder Vermögensgegenstände von einer Verwertung ausgenommen sind.

Bedürftigkeit

Bedürftigkeit liegt vor, wenn der Leistungsberechtigte zu wenig Erwerbseinkommen hat, keine ausreichenden Leistungen anderer Sozialleistungsträger erhält und wenn Unterhaltszahlungen ausbleiben oder zu gering sind, um den festgestellten Bedarf abzudecken.

12

Vereinfacht ausgedrückt gilt als Faustregel:

Maßgebende Regelbedarfsstufe der leistungsberechtigten Person
+ tatsächliche Heizkosten, soweit sie angemessen sind,
+ eventuelle Mehrbedarfe, sofern die persönlichen Voraussetzungen erfüllt sind,
+ bei Kindern und Jugendlichen bzw. Schülern: Bedarfe für Bildung und Teilhabe (siehe unten)

= Gesamtbedarf
– Einkommen

Höhe der Leistung

EINMALIGE LEISTUNGEN

Neben den laufenden Leistungen der Hilfe zum Lebensunterhalt werden einmalige Leistungen gesondert erbracht, insbesondere

Erstausstattung für Wohnung

- für die Erstausstattung für die Wohnung einschließlich Haushaltsgeräten (z. B. bei Verlust von Haushaltsgegenständen durch einen Wohnungsbrand, wenn keine Hausratversicherung vorhanden ist, die den Schaden ersetzt) und

Schwangerschaft

- für die Erstausstattung für Bekleidung bei Schwangerschaft und Geburt (z. B. Kinderwagen und Babyausstattung).

Solche Leistungen werden auch erbracht, wenn der Leistungsberechtigte keine Regelsatzleistungen benötigt, den Bedarf jedoch aus eigenen Kräften und Mitteln nicht voll decken kann.

BEITRÄGE ZUR KRANKEN- UND PFLEGEVERSICHERUNG UND FÜR DIE VORSORGE

Auch Beiträge zur gesetzlichen und privaten Kranken- und Pflegeversicherung zählen zum notwendigen Lebensbedarf. Generell werden Beiträge in angemessener Höhe übernommen.

Die Höhe der Beiträge zur gesetzlichen Krankenversicherung und sozialen Pflegeversicherung ist stets angemessen.

Neben Beiträgen zur Kranken- und Pflegeversicherung können auch freiwillige Vorsorgebeiträge (z. B. der Mindesteigenbeitrag bei der Riester-Rente) übernommen werden. Die Übernahme steht im Ermessen des Sozialhilfeträgers.

BEDARFE FÜR BILDUNG UND TEILHABE

Zusätzliche Bedarfe für Kinder und Jugendliche

Für Kinder und Jugendliche bzw. für Schüler umfasst die Hilfe zum Lebensunterhalt zusätzliche Bedarfe, die auf deren besondere Situation ausgerichtet sind:

- **Schülerbeförderung:** Für Schüler, die für den Besuch der nächstgelegenen Schule auf Schülerbeförderung angewiesen sind, werden die dafür erforderlichen tatsächlichen Aufwendungen berücksichtigt, soweit die Beförderungskosten nicht anderweitig abgedeckt sind und es nicht zugemutet werden kann, die Kosten aus dem Regelbedarf zu bestreiten. In der Regel ist eine Eigenbeteiligung in Höhe von 5 Euro monatlich zumutbar.
- **Mittagessen in Kindertageseinrichtungen, Tagespflege und Schulen:** Der Anspruch auf die Mehraufwendungen besteht bei Teilnahme an einer gemeinschaftlichen Mittagsverpflegung. Der Eigenanteil des Kindes beträgt 1 Euro pro Mittagessen.
- **Lernförderung:** Ein Anspruch auf angemessene Lernförderung besteht, wenn diese geeignet und erforderlich ist, um die wesentlichen Lernziele zu erreichen. Voraussetzung ist, dass vorrangig in Anspruch zu nehmende schulische Angebote nicht ausreichen.
- **Schulbedarf:** Für das notwendige Schulmaterial wird jährlich ein Zuschuss von 100 Euro in zwei Teilbeträgen berücksichtigt. Zu Beginn des ersten Schulhalbjahres werden 70 Euro, zu Beginn des zweiten Schulhalbjahres die restlichen 30 Euro gezahlt.

- **Ausflüge:** Die tatsächlichen Kosten für eintägige Schulausflüge und mehrtägige Klassenfahrten in Schulen und Kitas werden als Bedarf anerkannt.
- **Unterstützung zum Mitmachen in den Bereichen Kultur, Sport, Spiel, Geselligkeit und Freizeiten:** Es wird ein monatlicher Bedarf von 10 Euro berücksichtigt. Dieser Monatsbetrag kann auch „angespart" werden, um daraus größere Ausgaben finanzieren zu können.

SOZIALHILFE IN UNTERSCHIEDLICHEN LEBENSLAGEN

Abhängig vom Einkommen und Vermögen

Neben der Hilfe zum Lebensunterhalt umfasst die Sozialhilfe auch Hilfe für besondere Lebensrisiken. Auch in diesem Zusammenhang werden Leistungen nur unter Berücksichtigung der Einkommens- und Vermögenssituation des Hilfebedürftigen erbracht. Zu den Hilfen in anderen Lebenslagen gehören unter anderem die Hilfen zur Gesundheit, die Eingliederungshilfe für behinderte Menschen und die Hilfe zur Pflege.

HILFEN ZUR GESUNDHEIT

Seit 1. Januar 2004 sind alle nicht krankenversicherten Sozialhilfeempfänger leistungsrechtlich den gesetzlich Krankenversicherten gleichgestellt. Für sie gilt der Leistungskatalog der gesetzlichen Krankenversicherung. Hiervon ausgeschlossen sind Sozialhilfeempfänger, die voraussichtlich nicht mindestens einen Monat ununterbrochen Hilfe zum Lebensunterhalt beziehen und Personen, die im Rahmen dieser Hilfe nur Beratung und Unterstützung erhalten, ferner Deutsche im Ausland.

Empfänger von Sozialhilfe müssen unverzüglich nach deren Bewilligung eine gesetzliche Krankenkasse im Bereich des für die Hilfe zuständigen Sozialhilfeträgers wählen, die ihre Krankenbehandlung übernimmt. Nach der Anmeldung bei der

Tipp
Zuständig für Leistungen der Hilfe zur Gesundheit sind die örtlichen Träger der Sozialhilfe, also die Sozialämter in den Stadt-, Kreis- oder Gemeindeverwaltungen.

Krankenkasse erhält der Sozialhilfeempfänger eine Krankenversicherungskarte, die zur Inanspruchnahme der Leistungen der gesetzlichen Krankenversicherung berechtigt. Die Krankenkasse rechnet die erbrachten Leistungen dann mit dem Sozialhilfeträger ab.

Nur die (in Ausnahmefällen) nicht krankenversicherten Sozialhilfeempfänger erhalten als Sozialhilfe die Hilfen zur Gesundheit. Diese entsprechen den Leistungen der gesetzlichen Krankenversicherung und umfassen die vorbeugende Gesundheitshilfe und Hilfen zur Behandlung einer Krankheit, zur Familienplanung, bei Schwangerschaft und Mutterschaft und bei Sterilisation.

EINGLIEDERUNGSHILFEN FÜR MENSCHEN MIT BEHINDERUNG

Wer nicht nur vorübergehend körperlich, geistig oder seelisch wesentlich behindert ist oder wem eine solche Behinderung droht, hat Anspruch auf Leistungen der Eingliederungshilfe. Ihre Aufgabe ist es, eine drohende Behinderung zu verhüten oder eine vorhandene Behinderung oder deren Folgen zu beseitigen oder zu mildern und den behinderten Menschen in die Gesellschaft einzugliedern. Mit anderen Worten: Die Eingliederungshilfe soll ein Leben in der Gemeinschaft ermöglichen oder erleichtern, die Ausübung eines angemessenen Berufs ermöglichen und unabhängig von der Pflege machen.

Nachrangig Hilfe

Anspruch auf die Leistungen der Eingliederungshilfe besteht nur, soweit die Hilfe nicht von einem vorrangig verpflichteten Leistungsträger (z. B. Krankenversicherung, Rentenversicherung oder Agentur für Arbeit) erbracht wird.

Zu den Leistungen der Eingliederungshilfe gehören:

- Leistungen zur medizinischen Rehabilitation (diese Leistungen entsprechen jeweils den Rehabilitationsleistungen der gesetzlichen Krankenversicherung),

- Leistungen zur Teilhabe am Arbeitsleben (diese Leistungen erhalten Menschen mit Behinderungen, bei denen aus behinderungsbedingten Gründen eine Beschäftigung auf dem allgemeinen Arbeitsmarkt nicht, noch nicht oder noch nicht wieder in Betracht kommt, die aber in der Lage sind, ein Mindestmaß wirtschaftlich verwertbarer Arbeitsleistung zu erbringen),
- Hilfen zur Teilhabe am Leben in der Gemeinschaft (z. B. Versorgung mit nicht medizinischen Hilfsmitteln, Hilfen zur Förderung der Verständigung mit der Umwelt wie beispielsweise die Übernahme der Kosten für einen Gebärdensprachdolmetscher).

Viele Leistungen der Eingliederungshilfe für Menschen mit Behinderungen werden unabhängig vom Einkommen und Vermögen des behinderten Menschen erbracht.

Tipp

Zuständig für Leistungen der Eingliederungshilfe für Menschen mit Behinderungen sind die überörtlichen Träger der Sozialhilfe (z. B. in Baden-Württemberg der Kommunalverband für Jugend und Soziales, in Bayern die Bezirke, in Nordrhein-Westfalen die Landschaftsverbände).

HILFE ZUR PFLEGE

Die Sozialhilfe unterstützt pflegebedürftige Personen, indem sie die mit der Pflege verbundenen Kosten ganz oder teilweise übernimmt. Personen, die wegen einer körperlichen oder seelischen Krankheit oder Behinderung für die gewöhnlichen und regelmäßig wiederkehrenden Verrichtungen im Ablauf des täglichen Lebens auf Dauer, voraussichtlich für mindestens sechs Monate, in erheblichem oder höherem Maß der Hilfe bedürfen, ist Hilfe zur Pflege zu leisten. Hilfe zur Pflege ist auch kranken und behinderten Menschen zu leisten, die voraussichtlich für weniger als sechs Monate der Pflege bedürfen oder einen geringeren Bedarf haben oder die der Hilfe für andere Verrichtungen bedürfen.

Die Leistungen der sozialen Pflegeversicherung (siehe dazu Seite 144 ff.) gehen den entsprechenden Leistungen der Sozialhilfe vor. Die Hilfe zur Pflege ist also eine nachrangige Sozialleistung, wenn Leistungen der sozialen Pflegeversicherung nicht in Betracht kommen. So insbesondere für Personen, die keinen Anspruch auf Leistungen der Pflegeversicherung haben, weil sie nicht versicherungspflichtig sind oder aus anderen Gründen keinen Anspruch auf Leistungen der Pflegeversicherung haben. Die Hilfe zur Pflege hat auch bei Pflegebedürftigen einzutreten, deren notwendiger Pflegebedarf durch die Leistungen der Pflegeversicherung nicht gedeckt werden kann.

Tipp

Zuständig für Leistungen der Hilfe zur Pflege sind die überörtlichen Träger der Sozialhilfe (z. B. in Baden-Württemberg der Kommunalverband für Jugend und Soziales, in Bayern die Bezirke, in Nordrhein-Westfalen die Landschaftsverbände).

Die Hilfe zur Pflege umfasst

- häusliche Pflege,
- Hilfsmittel,
- teilstationäre Pflege,Kurzzeitpflege und
- stationäre Pflege.

Der Inhalt dieser Leistungen bestimmt sich nach den Regelungen der Pflegeversicherung (siehe Seite 145 ff.).

Pflegegeld

Die Höhe des Pflegegelds der Hilfe zur Pflege entspricht dem der sozialen Pflegeversicherung (siehe Seite 146 f.). Es ist ebenfalls nach den fünf Pflegegraden pauschaliert. Soweit Pflegegeld der Pflegeversicherung gezahlt wird, ist dieses in voller Höhe anzurechnen. Es gibt also keinen Doppelbezug von Pflegegeld der Sozialhilfe und Pflegegeld der Pflegeversicherung.

HILFE IN ANDEREN LEBENSLAGEN

Die Sozialhilfe leistet auch Unterstützung in weiteren belasteten Lebenslagen, die der Leistungsberechtigte nicht allein bewältigen kann.

Hilfe zur Weiterführung des Haushalts

12

- Die Hilfe zur Weiterführung des Haushalts wird geleistet, wenn kein Haushaltsangehöriger den Haushalt weiterführen kann und die Weiterführung des Haushalts geboten ist. Das kann z. B. der Fall sein, wenn die Mutter oder der Vater den Haushalt für einen längeren Krankenhaus- oder Kuraufenthalt Hilfe zur Überwindung besonderer sozialer Schwierigkeiten verlassen muss. Für die Übergangszeit übernimmt dann das Sozialamt die Kosten für eine Haushaltshilfe, die die persönliche Betreuung von Haushaltsangehörigen und die sonstigen zur Weiterführung des Haushalts erforderlichen Tätigkeiten besorgt.

Hilfe für ältere Menschen

- Über die oben genannten Leistungen, wie beispielsweise die Hilfe zum Lebensunterhalt, die Grundsicherung und die Hilfe zur Pflege hinaus, können alte Menschen „Altenhilfe" erhalten. Leistungen der Altenhilfe sind vor allem Leistungen bei der Beschaffung und zur Erhaltung einer Wohnung, die den Bedürfnissen des alten Menschen entspricht, Leistungen, die alten Menschen die Verbindung mit ihnen nahestehenden Personen ermöglicht, Beratung und Unterstützung in allen Fragen der Inanspruchnahme altersgerechter Dienste und – sofern erforderlich – Beratung und Unterstützung in allen Fragen der Aufnahme in ein Heim, insbesondere bei der Beschaffung eines geeigneten Heimplatzes.

Hilfe für blinde Menschen

- Blinde Menschen erhalten vom Sozialamt eine einkommens- und vermögensabhängige Blindenhilfe, die den durch die Blindheit verursachten Mehraufwand ausgleichen soll. Anspruch auf Blindenhilfe besteht nur, soweit solche Leistungen nicht von anderer Seite gewährt werden.

W

Z

ADRESSEN DER VERBRAUCHERZENTRALEN

Verbraucherzentrale Baden-Württemberg e. V.
Paulinenstraße 47, 70178 Stuttgart
Telefon: 07 11/66 91-10
Fax: 07 11/66 91-50
www.vz-bawue.de

Verbraucherzentrale Bayern e. V.
Mozartstraße 9, 80336 München
Telefon: 0 89/55 27 94-0
Fax: 0 89/53 75 53
www.vz-bayern.de

Verbraucherzentrale Berlin e. V.
Hardenbergplatz 2, 10623 Berlin
Telefon: 0 30/2 14 85-0
Fax: 0 30/2 11 72 01
www.verbraucherzentrale-berlin.de

Verbraucherzentrale Brandenburg e. V.
Babelsberger Straße 12, 14473 Potsdam
Telefon: 03 31/2 98 71-0
Fax: 03 31/2 98 71-77
www.vzb.de

Verbraucherzentrale Bremen e. V.
Altenweg 4, 28195 Bremen
Telefon: 04 21/1 60 77-7
Fax: 04 21/1 60 77-80
www.verbraucherzentrale-bremen.de

Verbraucherzentrale Hamburg e. V.
Kirchenallee 22, 20099 Hamburg
Telefon: 0 40/2 48 32-0
Fax: 0 40/2 48 32-290
www.vzhh.de

Verbraucherzentrale Hessen e. V.
Große Friedberger Straße 13–17,
60313 Frankfurt/Main
Telefon: 0 69/97 20 10-900
Fax: 0 69/97 20 10-40
www.verbraucher.de

Verbraucherzentrale Mecklenburg-Vorpommern e. V.
Strandstraße 98, 18055 Rostock
Telefon: 03 81/2 08 70-50
Fax: 03 81/2 08 70-30
www.verbraucherzentrale-mv.de

Verbraucherzentrale Niedersachsen e. V.
Herrenstraße 14, 30159 Hannover
Telefon: 05 11/ 9 11 96-0
Fax: 05 11/9 11 96-10
www.vz-niedersachsen.de

Verbraucherzentrale Nordrhein-Westfalen e. V.
Mintropstraße 27, 40215 Düsseldorf
Telefon: 02 11/38 09-0
Fax: 02 11/38 09-216
www.verbraucherzentrale.nrw

Verbraucherzentrale Rheinland-Pfalz e. V.
Seppel-Glückert-Passage 10, 55116 Mainz
Telefon: 0 61 31/28 48-0
Fax: 0 61 31/28 48-66
www.vz-rlp.de

Verbraucherzentrale des Saarlandes e. V.
Trierer Straße 22, 66111 Saarbrücken
Telefon: 06 81/5 00 89-0
Fax: 06 81/5 00 89-22
www.vz-saar.de

Verbraucherzentrale Sachsen e. V.
Katharinenstraße 17, 04109 Leipzig
Telefon: 03 41/69 62 90
Fax: 03 41/6 89 28 26
www.vzs.de

Verbraucherzentrale Sachsen-Anhalt e. V.
Steinbockgasse 1, 06108 Halle
Telefon: 03 45/2 98 03-29
Fax: 03 45/2 98 03-26
www.vzsa.de

Verbraucherzentrale Schleswig-Holstein e. V.
Hopfenstraße 29, 24103 Kiel
Telefon: 04 31/5 90 99-0
Fax: 04 31/5 90 99-77
www.vzsh.de

Verbraucherzentrale Thüringen e. V.
Eugen-Richter-Straße 45, 99085 Erfurt
Telefon: 03 61/5 55 14-0
Fax: 03 61/5 55 14-40
www.vzth.de

Verbraucherzentrale Bundesverband e. V.
Rudi-Dutschke-Straße 17
10969 Berlin
Telefon: 0 30/2 58 00-0
Fax: 0 30/2 58 00-518
www.vzbv.de

IMPRESSUM

Herausgeber

Verbraucherzentrale Nordrhein-Westfalen e.V.
Mintropstraße 27, 40215 Düsseldorf
Telefon: 02 11/38 09-555
Fax: 02 11/38 09-235
Internet: www.verbraucherzentrale.nrw
E-Mail: ratgeber@verbraucherzentrale.nrw

Autoren:	Dr. Jürgen Brand, Dr. Otto N. Bretzinger, Peter F. Brückner
Koordination, Lektorat:	Wolfgang Starke
Produktion:	bretzinger : media.production, Baden-Baden
Satz:	typografie & layout, Evelyn Haller, Gaggenau
Gestaltungskonzept:	Ute Lübbeke, Köln, www.LNT-design.de
Umschlaggestaltung:	Ute Lübbeke, Köln, www.LNT-design.de
Umschlagfoto:	Getty Images – Jurgen Ziewe
Druck/Bindung:	CPI books GmbH, Leck Gedruckt auf 100 Prozent Recyclingpapier

Redaktionsschluss: Februar 2019